中等职业教育·中职中专会计专业教材系列

基础会计理论与实务

JICHU KUAIJI LILUN YU SHIWU

何 玲　商坦坦　王雅林　主 编

·广州·

版权所有　翻印必究

图书在版编目（CIP）数据

基础会计理论与实务/何玲，商坦坦，王雅林主编．—广州：中山大学出版社，2016.9

ISBN 978－7－306－05415－9

Ⅰ．①基… Ⅱ．①何… ②商… ③王… Ⅲ．①会计学 Ⅳ．①F230

中国版本图书馆 CIP 数据核字（2015）第 204083 号

出 版 人：	徐　劲
策划编辑：	曾育林
责任编辑：	曾育林
封面设计：	曾　斌
责任校对：	曹丽云
责任技编：	何雅涛
出版发行：	中山大学出版社
电　　话：	编辑部 020－84111996，84113349，84111997，84110779
	发行部 020－84111998，84111981，84111160
地　　址：	广州市新港西路 135 号
邮　　编：	510275　传　真：020－84036565
网　　址：	http://www.zsup.com.cn　E-mail：zdcbs@mail.sysu.edu.cn
印 刷 者：	广州家联印刷有限公司
规　　格：	787mm×1092mm　1/16　7.625 印张　170 千字
版次印次：	2016 年 9 月第 1 版　2016 年 9 月第 1 次印刷
定　　价：	22.00 元

如发现本书因印装质量影响阅读，请与出版社发行部联系调换

编委会

主　编　何　玲　商坦坦　王雅林
编　委　王艳妮　蒋麟凤　李红梅　沙　瑛
　　　　 滕　凡　宋云智

前　言

　　基础会计理论与实务是中等职业学校会计专业的核心课程，本教材以就业为导向，紧扣岗位需求，通过任务驱动，项目教学案例，引领学生掌握会计基本账务处理方法。

　　本教材分三个项目，项目一是借贷记账法，内容包括：岗位认识、会计要素、记账规则、试算平衡；项目二是出纳岗位实务，内容包括：现金往来业务处理、编制银行存款余额调节表、出纳账簿的设置与登记；项目三是初级会计岗位的核算，内容包括：筹资业务的核算、采购业务的核算、生产过程的核算、销售过程的核算、利润形成与分配的核算、财产清查的账务处理。本教材内容按项目划分，分任务进行讲解，每个任务又划分为学习准备、计划与实施、评价反馈三个模块展开。

　　本书由多年从事会计基础教学工作的一线老师何玲、商坦坦、王雅林老师任主编，具有丰富的教学经验和深厚的理论基础。其中，何玲老师负责编写项目一和项目二，李红梅老师负责编写项目三中的任务一和任务二，商坦坦老师负责编写项目三中的任务三和任务四，王雅林老师负责编写项目三中的任务五和任务六，王雅林和商坦坦老师承担了后期的校对工作，深圳市华远货运有限公司财务主管滕凡对本书进行了修订和指导工作。在此深表感谢。

　　限于编者编写水平，书中难免存在诸多疏漏，敬请批准指正。

目　　录

项目一　借贷记账法 ··· 1
　　任务一　岗位认识 ·· 1
　　任务二　会计要素 ·· 4
　　任务三　记账规则 ··· 17
　　任务四　试算平衡 ··· 30

项目二　出纳岗位实务 ··· 41
　　任务一　现金往来业务处理 ··· 41
　　任务二　编制银行存款余额调节表 ·· 45
　　任务三　出纳账簿的设置与登记 ··· 54

项目三　初级会计岗位的核算 ·· 62
　　任务一　筹资业务的核算 ·· 62
　　任务二　采购业务的核算 ·· 72
　　任务三　生产过程的核算 ·· 82
　　任务四　销售过程的核算 ·· 87
　　任务五　利润形成与分配的核算 ··· 93
　　任务六　财产清查的账务处理 ·· 100

项目一　借贷记账法

任务一　岗 位 认 识

学习目标与要求：

通过本模块的学习，学生掌握会计的基本概念及基本职能；了解会计专业所涉及的基本岗位、每个岗位所对应的工作职责等。

学习重点：

(1) 会计的概念。

(2) 会计的基本职能。

(3) 会计工作的基本岗位和职责。

学习难点：

会计的概念和基本职能。

一、学习准备

什么是会计？会计的主要工作是什么？学会了能做什么？带着这些问题我们来学习。

【例】小明的父母是福星工厂的员工，一家三口都住在工厂的员工宿舍。妈妈是工厂的会计，爸爸是采购员，工作很辛苦。在小明的记忆中，爸爸经常出差，妈妈每天都在工厂财务室写写算算，桌子上堆着大大小小的本子，到了月底或是年底还要经常加班。小明很困惑，妈妈比爸爸还要忙吗？妈妈每天都在工厂忙什么呢？小明今年要参加中考了，到底该报考什么专业呢？爸爸妈妈和小明商量，主张他报考会计专业，将来好好学习理财。小明还是茫然不解：会计到底是干什么的？为什么他们要我学习会计呢？学了会计能干什么？

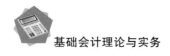

【解析】通过本案例可以看出，大多数初学者对会计还停留在模糊的认知阶段，不知道会计到底是什么，学习会计将来能做什么。

二、计划与实施

（一）什么是会计

会计是经济管理的重要组成部分，它是以货币计量为基本形式，运用专门的方法对经济活动进行核算和监督的一种管理活动。

（二）会计的基本职能

1. 核算职能

其核算职能主要包括从数量方面综合反映企业单位已经发生或已经完成的各项经济活动，即事后核算；还包括事前核算，主要是计划性和预见性核算；以及事中核算，即计划执行过程中的监督和控制。

【问题】会计有哪些计量尺度？

【答案】货币量度、实物量度、劳动量度。

2. 监督职能

会计人员通过会计工作对经济活动进行监督。监督的核心是要干预经济活动，使之遵守国家法律、法规，保证财经制度的贯彻执行，同时还要从本单位的经济效益出发，对每项经济活动的合理性、有效性进行事前、事中监督，以防止损失浪费。

【思考】会计监督具体监督哪些行为？

核算和监督两者相辅相成。核算是监督的基础，没有核算就无法进行监督，只有正确的核算，监督才有真实可靠的依据。监督是核算的延续和深化，如果只有核算而不进行监督，就不能发挥会计应有的作用，只有严格进行监督，核算所提供的数据资料才能在经济管理中发挥更大的作用。

【讨论】2011年上半年在美国上市的中国概念股为何频频被摘牌或停牌？

（三）会计工作所涉及的基本岗位及工作职责

作为会计专业的毕业生，想要从事会计工作，必须从基层做起，要先从出纳或者初级会计岗位做起，具体岗位人数根据企业的实际情况进行设置。

企业会计人员配备的数量，主要取决于企业业务量的大小与繁简程度。规模较大的企业，必须同时设置出纳和会计岗位，可设一岗多人并进行合理分工；规模较小、人员较少、业务简单的企业，可设1名主管会计，同时设

1名兼职出纳；或设兼职会计1名，出纳由专人担任。根据我国《会计法》的有关规定：兼职出纳不得兼管收入、费用、债权债务账目的登记与核算工作，以及会计档案的保管工作。

1. 出纳岗位

出纳是企业会计工作的一个重要岗位，担负着现金收付、银行结算、货币资金核算、银行存款余额调节表的编制、现金及有价证券的保管、出纳账簿的设置与登记等重要任务。要想做好出纳工作，首先必须明确出纳的岗位职责，具体如表1－1－1所示：

表1－1－1　出纳的岗位职责

序　号	岗位工作职责
1	办理现金收付，严格按照规定收付款项
2	办理银行结算，规范使用支票，严格控制签发空白支票
3	办理往来结算，建立清算制度。掌握银行存款余额，不准签发空头支票，不准出租、出借银行账户为其他单位办理结算
4	编制银行存款余额调节表
5	核算工资
6	根据收付款凭证，登记现金和银行存款日记账
7	保管结存现金和各种有价证券
8	保管有关印章、空白收据和空白支票

2. 初级会计岗位

会计的职责主要包括设置账户、复式记账、填制与审核会计凭证、主要经济业务核算、登记账簿、财产清查、编制会计报表七个方面。具体来讲，核心是主要经济业务的核算，其他职责会在"会计综合模拟"课程中详细讲解。按企业经营过程的进行，初级会计主要应当掌握企业经济业务的核算，内容主要包括以下六个方面：

（1）筹资过程的核算。
（2）供应过程的核算。
（3）生产过程的核算。
（4）销售过程的核算。
（5）利润形成与分配的核算。
（6）财产清查的账务处理。

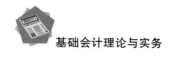

这些内容将在项目三中详细讲解。

每一岗位所应遵守的职业道德与法律法规，请参照《会计人员职业道德规范》。

三、评价反馈

（1）从本任务中，你掌握了哪些知识？对这些知识有何感想？分组讨论。

（2）学完本任务后，请回答下列问题：

①会计是什么？它的基本职能是什么？

②学习会计将来可以干什么？你打算从事什么岗位？

（3）课后思考：

①从人才网上搜集有关企业对会计人员的需求情况，并做出简要分析。

②学习这个专业，应该从哪些方面掌握相关知识？

任务二　会计要素

学习目标与要求：

通过本任务的学习，学生掌握会计的六大基本要素以及这六大基本要素之间的关系。要求学生了解会计要素的构成内容，着重理解资产、负债、所有者权益这三个要素。

学习重点：

（1）会计的基本要素。

（2）会计基本要素之间的关系。

学习难点：

会计要素的理解。

一、学习准备

通过前面任务的学习，我们已经了解会计的基本职能是核算和监督，那它们到底核算和监督什么呢？这就涉及会计对象的概念了。

凡是特定对象中能够以货币形式表现的经济活动，都是会计对象。换言之，特定对象中发生的经济活动只有确定为会计对象，会计人员才能根据专门的会计方法对其进行会计处理。例如，单位行政管理部门用现金购买办公用品，毫无疑问这项经济活动可以用货币来加以表现，所以这项经济活动就是会计对象。

【练一练】指出在签订购销合同、商务谈判、报销差旅费等活动中，哪些属于会计对象范畴。

【思考】在对会计对象进行核算时，涉及的基本要素有哪些呢？以学校商店为例进行分析。

二、计划与实施

我们要开办一家生产型企业，有哪些必要的条件？

首先要有资金、厂房，还要有职员、产品等一系列必要的配备。那么，这些在会计核算上该怎么分类呢？这就涉及会计要素的概念了。

什么是会计要素？会计要素是指对会计对象的个体内容所做的基本分类，是会计对象的组成部分，是会计报表内容的基本框架，也是账户的归并和概括。

企业会计的基本要素分为资产、负债、所有者权益、收入、费用和利润六个方面。

（一）资产

1. 概念

企业要正常运转，必须要有职员、厂房和产品等经济资源，但是经济资源并不都是其资产。作为企业资产，必须符合以下条件：

（1）必须是企业过去形成的交易或事项，包括购买、建造行为或其他交易或者事项，如企业购买的机器设备、生产的产品等。

（2）必须为企业所拥有或者控制，如企业从外单位租赁的厂房、设备就不是企业的资产。

（3）预期会给企业带来经济利益的，如企业自主发明的专有技术。

概括地说，资产是指企业过去的交易或者事项形成的，由企业拥有或者控制的、预期会给企业带来经济利益的资源。

2. 资产的组成

资产是会计要素中最主要的要素。它按流动性可分为流动资产和非流动资产。资产的组成如图1-2-1所示：

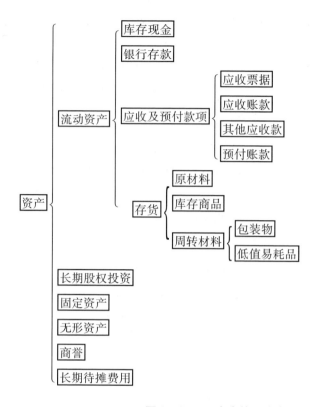

图1-2-1 资产的组成内容

【小知识】所谓"流动性",是指资产的变现能力,转变为现金或被耗用的难易程度。变现快,说明流动性相对较强;反之,说明流动性相对较弱。

(1) 流动资产。流动资产,是指可以在1年内(含1年)或者1个正常营业周期内变现或被耗用的资产,主要包括库存现金、银行存款、应收及预付款项、存货等。

1) 库存现金,是指由企业出纳人员保管并存放在企业内部保险柜里的现钞(即钞票),包括人民币和各种外币。

2) 银行存款,是指企业存放在银行或其他金融机构的货币资金。

3) 应收及预付款项,是指企业在日常的生产经营过程中发生的各种债权,包括应收账款、预付账款、应收票据、其他应收款等。它们一般会在1年内收回。

4) 存货,是指企业在日常活动中持有以备出售的产品或商品、处于生产过程中的产品、在生产过程或提供劳务过程中可以被耗用的材料或物料等。它们一般可以在1年内耗用或售出，同时收回款项。

（2）非流动资产。非流动资产，是相对于流动资产而言的，即除流动资产以外的资产，主要包括固定资产、无形资产等。

1）固定资产，是指企业为生产产品、提供劳务、出租或经营管理而持有的，使用寿命超过1个会计年度的房屋、建筑物、机器、运输工具以及其他与生产、经营有关的设备、工具等。它们取得的目的是使用而不是出售，只有在若干年后报废清理或转让、变卖时才能收回部分现金。

2）无形资产，是指企业拥有或者控制的、没有实物形态的可辨认非货币性资产，如专利权、商标权、非专利技术等。

（二）负债

1. 概念

简单地说，负债是企业欠别人的债务。它是企业在现行条件下已承担的义务，如向其他单位购入货物而没有付款，将来要用库存现金、银行存款或商品等偿还或通过为债权人提供劳务来抵偿。未来发生的交易或事项形成的义务，不属于现时义务，不应当确认为负债。

因此，负债是指企业过去的交易或事项形成的、预期会导致经济利益流出企业的现时义务。

2. 负债的组成

负债按偿还期限的长短分为流动负债和非流动负债。负债的组成如图1-2-2所示：

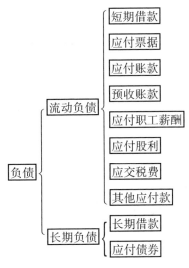

图1-2-2 负债的组成

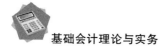

(1) 流动负债。

1) 流动负债, 是指将在 1 年内 (含 1 年) 或者超过 1 年的一个营业周期内偿还的债务, 包括短期借款、应付票据、应付账款、预收账款、应付职工薪酬、应付股利、应交税费、其他应付款等。

2) 短期借款, 是指借款期限在 1 年内的银行借款。

3) 应付票据, 是指企业因购买材料、商品和接受劳务等而开出并承兑的票据。

4) 应付账款, 是指应付给供应单位的购买材料物资的款项。

5) 预收账款, 是指按照购销双方协议的约定, 企业向购货单位预收的款项。

6) 应付职工薪酬, 是指应支付给员工的劳动报酬及福利费等。

7) 应付股利, 是指应付给投资者的股利或利润。

8) 应交税费, 是指应向国家缴纳的各项税费。

9) 其他应付款, 是指除上述负债以外的其他各项应付、暂收的款项。

(2) 非流动负债。

1) 非流动负债, 是指除流动负债以外的负债, 包括长期借款、应付债券等。

2) 长期借款, 是指借款期限在 1 年以上的银行借款。

3) 应付债券, 是指企业发行的 1 年期以上的债券。

(三) 所有者权益

1. 概念

所有者权益又称股东权益, 是指企业资产扣除负债后由所有者享有的剩余权益, 其金额为资产减去负债后的余额, 即投资者对企业净资产的所有权。

所有者权益的来源包括所有者投入的资本, 直接计入所有者权益的利得和损失、留存收益等。

【小知识】利得和损失, 是指由企业非日常活动所形成的、与所有者投入资本无关的经济利益的流入和流出。

2. 所有者权益的组成

所有者权益具体包括实收资本、资本公积、盈余公积和未分配利润等。所有者权益的组成如图 1-2-3 所示:

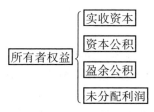

图1-2-3 所有者权益的组成

（1）实收资本，是指投资者按照企业章程或合同、协议的约定，实际投入企业的资本。投资者投入资本的形式可以有多种，如现金、实物、无形资产等。例如，创立一个注册资本为100万元的公司，投资者就要以现金、实物、无形资产等方式投入价值100万元的资产，这样公司就收到100万元的投资，即为该公司的实收资本。

（2）资本公积，是指投资者或其他人投入到企业的、所有权归属于投资者且金额超过法定资本部分的资本或资产。资本公积包括资本（或股本）溢价、外币资本折算差额和其他资本公积等。

（3）盈余公积，是指企业按规定从净利润中提取的各种公积金。

（4）未分配利润，是指企业实现的净利润经过弥补亏损、提取盈余公积和向投资者分配利润后留存企业的、历年结存的利润。

盈余公积和未分配利润又统称为留存收益。

【练一练】两年前几个人合伙注册了一家企业，共筹集资金400万元（其中合伙人投资300万元，从银行借款100万元），用以建厂房、买设备和材料，形成企业的资产。经过两年的苦心经营，企业已拥有资产600万元，需要偿还各种债务200万元。请计算，企业的净资产为多少？企业的留存收益又是多少？

【思考】所有者权益和负债有何区别？

（四）收入

1. 概念

收入，是指企业在日常活动中形成的、会导致所有者权益增加的、与所有者投入资本无关的经济利益的总流入。

从这个概念中，我们可以看出收入有以下四个方面的特点：

（1）收入是在企业的日常活动中形成的，如工厂销售产品、提供劳务等。如果是从偶然发生的交易或事项中产生的收入，如违约所得、罚款收入等，虽然也能给企业带来经济利益，但由于不属于企业的日常经营活动，故不属于收入的范畴。

【思考】企业偶然所得，不属于企业收入的范畴，那它应该属于什么呢？

（2）收入的取得必定会导致经济利益的流入。它可能表现为资产增加，如增加银行存款；也可能表现为负债的减少，如用商品抵偿债务；还可能两者兼而有之，如商品销售货款中的一部分抵偿债务，另一部分收取现金。

（3）收入只包括本企业经济利益的流入，不包括为第三方或客户代收的款项，如增值税、代收利息、代收货款等。

（4）收入能导致企业所有者权益的增加。

2. 收入的组成

收入按其性质，可以划分为销售商品、提供劳务和让渡资产使用权等取得的收入，如图1-2-4所示：

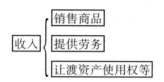

图1-2-4 收入的组成内容

【思考】哪些经济活动属于让渡资产使用权？

（五）费用

1. 概念

费用，是指企业在日常活动中发生的、会导致所有者权益减少的、与向所有者分配利润无关的经济利益的总流出。

2. 费用的组成

费用按照功能分类，分为从事经营业务发生的成本、管理费用、销售费用和财务费用等，如图1-2-5所示：

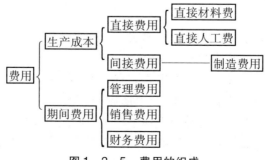

图1-2-5 费用的组成

（1）从事经营业务发生的成本，是指企业为生产产品、提供劳务等发生的可归属于产品成本、劳务成本等的费用。

（2）管理费用，是指企业行政管理部门为组织和管理生产经营活动而发生的费用。

（3）销售费用，是指为销售商品而发生的费用。

（4）财务费用，是指为筹集资金而发生的费用。

（六）利润

利润，是指企业一定时期内的全部收入减去全部费用后的盈余，是企业一定时期生产经营活动的最终结果。这个结果可能是正的，即利润；也有可能是负的，即亏损。

具体来讲，利润是指企业在一定会计期间的经营成果，包括收入减去费用后的净额、直接计入当期利润的利得和损失等。

（1）收入减去费用后的净额，是指营业收入减去营业成本、营业税金及附加，再减去销售费用、管理费用和财务费用后的净额。

（2）直接计入当期利润的利得和损失，是指应当计入当期损益的、会导致所有者权益发生增减变动的、与所有者投入资本或向所有者分配利润无关的利得或损失，具体表现为投资收益、营业外收支净额。其中，投资收益是指企业对外投资所取得的收益，减去发生的投资损失和计提的投资减值准备后的净额；营业外收支净额是指企业发生的与其生产经营活动无直接关系的各项收入和各项支出。

总结企业会计六大要素之间的关系，如表1-2-1所示：

表1-2-1 企业会计六大要素之间的关系

资产＝负债＋所有者权益	收入－费用＝利润
资金运动的静态表现	资金运动的动态表现
表明资产的来源与归属	表明经营成果与相应期间收入和费用的关系
编制资产负债表的依据	编制利润表的基础

（七）会计平衡公式

这六大要素之间的关系涉及两个重要的会计平衡公式，下面我们就来讲讲这两大平衡公式之间的关系。

从前面的知识我们已经知道，创办任何一个企业，首先必须依法筹集到一定数额的资金，然后根据企业的生产经营业务的需要，购置必要的厂房、

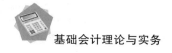

设备等固定资产和购买原材料、商品等流动资产（这里也包括投资者直接投入的固定资产和流动资产），才能开展正常的经济活动。企业的这些资产一方面表现为实物形式，另一方面又表现为相应的权益，即这些资产如何取得，归谁所有。

由此可见，资产与权益是同一个资金的两个方面，也即资产＝权益，两者在金额上是一种相等的关系。这里的权益包括债权人权益和所有者权益。

$$资产 = 负债 + 所有者权益 \tag{1}$$

例如，老张和小王经过市场调研、精心策划，决定每人各出资10万元，共同创立一家同方安防产品开发公司（以下简称"同方公司"）。此时，该公司的全部资产为20万元，老张和小王对公司则拥有了20万元的所有权，换言之，该公司为两人所有。用公式表示为：

$$20 万元（资产）= 20 万元（所有者权益）$$

由于该公司的资产全部来源于所有者，没有负债，所以权益就只有所有者权益。

接上例，同方公司开业不久，老张和小王看准市场行情，准备从A公司购入一批产品元器件，因资金不足，于是决定向银行贷款5万元。此时，公司的总资产为25万元，用公式表示为：

$$25 万元（资产）= 5 万元（负债）+ 20 万元（所有者权益）$$

也就是说，该公司资产已达到25万元，但同时还要承担5万元的债务。此时，这是一种静态的平衡关系，但是随着生产经营活动的展开，这一平衡关系会有变化。因为企业要进行生产销售，各种费用会产生，同时也会有相应的利润。所以，在生产经营过程中就出现了这样一个公式：

$$收入 - 费用 = 利润（或亏损）\tag{2}$$

那么，公式（1）和公式（2）有什么关系呢？

企业取得的收入，会导致企业资产增加或负债减少，或两者兼而有之；而费用正好相反。而与此同时，所有者权益也随之变动。所以两个公式可以结合起来，得到如下公式：

$$资产 = 负债 + 所有者权益 +（收入 - 费用）\tag{3}$$

收入减去费用后的结果，若为利润，则增加所有者权益；若为亏损，则所有者权益一定减少。公式（3）经过变形，还可以得到如下公式：

$$资产 + 费用 = 负债 + 所有者权益 + 收入$$
$$资产 = 负债 + 所有者权益 + 利润（或亏损）$$

到了年末，企业将实现的利润按照有关规定进行分配，利润归入所有者权益。此时，上述公式又恢复了最基本的形式，即：

项目一 借贷记账法

资产＝负债＋所有者权益

这一平衡公式又称为会计恒等式、会计基本等式或会计方程式。它是会计要素在总额上必然相等的一种关系，无论企业在生产经营过程中发生什么样的经济业务，都不会破坏会计基本等式的平衡关系。

经济业务对会计基本等式的影响，可以从资产负债表中得到体现，因为会计基本等式是编制资产负债表的基础，所以，会计基本等式又称为资产负债表等式。下面通过举例来说明。

【例】同方公司2011年1月1日的资产负债表如表1－2－2所示：

表1－2－2　同方公司资产负债（1）

2011年1月1日　　　　　　　　　　　金额单位：元

资产		权益（负债＋所有者权益）	
项　　目	金　　额	项　　目	金　　额
银行存款	400 000	短期借款	400 000
应收账款	250 000	应付账款	150 000
存货	600 000	实收资本	1 700 000
固定资产	1 000 000		
总　　计	2 250 000	总　　计	2 250 000

从表1－2－2可以看出，在该公司所拥有的资产中，流动资产（银行存款、应收账款、存货）为1 250 000元，固定资产为1 000 000元，资产总额为2 250 000元；权益一方，负债（短期借款、应付账款）为550 000元，筹集的资金额为1 700 000元，权益总额为2 250 000元，双方是相等的。

该公司于2011年1月发生了如下经济业务：

（1）1月7日，公司接受某单位投入的大型设备一台，价值2 000 000元。

分析：这项业务发生后，公司资产方的固定资产增加了2 000 000元，由原来的1 000 000元增加到了3 000 000元；权益方的实收资本项目增加了2 000 000元，由原来的1 700 000元增加到了3 700 000元，由于资产和权益双方增加的金额相等，所以双方总额仍然相等，都等于4 250 000元。

这项经济业务所引起的变化如表1－2－3所示：

表1-2-3 同方公司资产负债（2）

2011年1月7日　　　　　　　　　　　金额单位：元

资产		权益（负债+所有者权益）	
项　目	金　额	项　目	金　额
银行存款	400 000	短期借款	400 000
应收账款	250 000	应付账款	150 000
存货	600 000	实收资本	3 700 000
固定资产	3 000 000		
总　计	4 250 000	总　计	4 250 000

由此可见，资产和权益双方都以相等的金额同时增加，双方总额相等，不会影响双方的平衡关系。

（2）1月12日，公司以银行存款200 000元偿还短期借款。

分析：这项经济业务发生后，资产方的银行存款项目减少了200 000元，由原来的400 000元减少到200 000元；权益方的短期借款项目减少了200 000元，由原来的400 000元减少到200 000元。此时，由于资产和权益双方都以相等的金额减少，因此，双方总额仍然相等。该项业务引起的变化如表1-2-4所示：

表1-2-4 同方公司资产负债（3）

2011年1月12日　　　　　　　　　　金额单位：元

资产		权益（负债+所有者权益）	
项　目	金　额	项　目	金　额
银行存款	200 000	短期借款	200 000
应收账款	250 000	应付账款	150 000
存货	600 000	实收资本	3 700 000
固定资产	3 000 000		
总　计	4 050 000	总　计	4 050 000

由此可见，资产和权益双方都以相等的金额同时减少，双方总额相等，不会影响双方的平衡关系。

（3）1月18日，公司以银行存款30 000元购入一批零配件。

分析：这项业务发生后，资产方的存货项目增加了30 000元，由原来的

600 000 元增加到 630 000 元；同时，资产方的银行存款项目减少了 30 000 元，由原来的 200 000 元减少到 170 000 元。因为这项经济业务所引起的增减变化发生在同一类项目中，金额又是相等的，虽然有关项目的金额发生了变动，但不会影响总额的变动。这项业务所引起的变化如表 1-2-5 所示：

表 1-2-5　同方公司资产负债（4）

2011 年 1 月 18 日　　　　　　　　　金额单位：元

资产		权益（负债+所有者权益）	
项　　目	金　　额	项　　目	金　　额
银行存款	170 000	短期借款	200 000
应收账款	250 000	应付账款	150 000
存货	630 000	实收资本	3 700 000
固定资产	3 000 000		
总　　计	4 050 000	总　　计	4 050 000

由此可见，当一项经济业务只涉及资产方有关项目之间的金额增减变化时，资产总额不会发生变动。同时，由于它不涉及权益方的项目，所以权益总额也不会发生变动，从而不会影响双方的平衡关系。

（4）1 月 25 日，公司开出一张商业承兑汇票，金额为 100 000 元，以抵付前欠应付账款。

分析：这项经济业务发生后，权益方的应付票据项目增加了 100 000 元；权益方的应付账款减少了 100 000 元，由原来的 150 000 元减少到 50 000 元。因为这项经济业务所引起的增减变化也是发生在同一类项目之中，金额又是相等的，虽然有关项目的金额发生了变化，但不会影响总额的变动。这项经济业务所引起的变化如表 1-2-6 所示：

表 1-2-6　同方公司资产负债（5）

2011 年 1 月 25 日　　　　　　　　　金额单位：元

资产		权益（负债+所有者权益）	
项　　目	金　　额	项　　目	金　　额
银行存款	170 000	短期借款	200 000
应收账款	250 000	应付账款	50 000

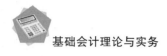

续上表

资产		权益（负债+所有者权益）	
项　　目	金　　额	项　　目	金　　额
存货	630 000	应付票据	100 000
固定资产	3 000 000	实收资本	3 700 000
总　　计	4 050 000	总　　计	4 050 000

由此可见，当一项经济业务只涉及权益方有关项目之间的金额增减变化时，权益总额不会发生变动。同时，由于它不涉及资产方的项目，所以资产总额也不会发生变动，从而不会影响双方的平衡关系。

以上四项经济业务具有典型性，任何企业发生的任何经济业务所引起的资产与权益的变化关系无非是这四种类型，即：

（1）资产与权益同时增加（如业务1）。

（2）资产与权益同时减少（如业务2）。

（3）资产之间有增有减（如业务3）。

（4）权益之间有增有减（如业务4）。

以上四种经济业务不会影响会计基本等式。这一平衡关系是复式记账、试算平衡和编制资产负债表的理论依据，也是会计核算方法体系的理论基础。

三、评价反馈

自我测试。假如同方公司2011年5月1日的资产负债表如表1-2-7所示：

表1-2-7　同方公司资产负债（6）

2011年5月1日　　　　　　　　金额单位：元

资产		权益（负债+所有者权益）	
项　　目	金　　额	项　　目	金　　额
银行存款	250 000	短期借款	500 000
应收账款	200 000	应付账款	350 000
存货	780 000	应付票据	180 000

续上表

资 产		权益（负债＋所有者权益）	
固定资产	1 800 000	实收资本	2 000 000
总　　计	3 030 000	总　　计	3 030 000

同方公司于2011年5月发生了如下经济业务：

（1）5月3日，收到前欠货款200 000元，存入银行。

（2）5月10日，用银行存款归还短期借款200 000元。

（3）5月12日，收到A公司用银行存款投入的资金1 000 000元。

（4）5月23日，公司开出商业承兑汇票一张，金额为100 000元，用于偿还前欠的货款。

要求：对以上四项经济业务进行分析，并列出相应的资产负债表。

【思考】①从这个任务中，大家学到了什么，这六大基本要素之间有何关系？②会计的记账规则是什么？如何运用会计的六大要素进行账务处理？

任务三　记 账 规 则

学习目标与要求：

本任务的学习目标是使学生掌握会计科目的概念、设置原则，账户的概念、基本结构，账户与会计科目的联系和区别，复式记账原理以及借贷记账法的基本要点。

学习重点：

（1）会计科目和会计账户的基本概念、两者之间的关系、会计账户的基本结构。

（2）复式记账的理论依据、采用复式记账法时应遵循的基本原则。

（3）借贷记账法的概念、借贷记账法记账符号的含义。

（4）借贷记账法下各类账户的结构。

学习难点：

（1）复式记账的理论依据、采用复式记账法时应遵循的基本

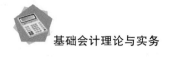

原则。

（2）借贷记账法的概念、借贷记账法记账符号的含义。

一、学习准备

前面任务中我们已经学习了会计的六大要素：资产、负债、所有者权益、收入、费用和利润，在企业进行生产经营和管理活动的过程中，会计要素的内容必定会发生数量、金额的增减变动。

例如，用银行存款购进原材料，原材料增加而银行存款减少，使资产的组成发生具体变化；又如，用现金支付员工的应付工资，现金和应付工资同时减少，使资产和负债两要素的数量同时减少。由于企业的经济活动多种多样，它所引起的各个会计要素的构成以及各个会计要素之间的增减变化也错综复杂，为了对会计对象的具体内容进行会计核算和监督，就需要对会计要素做进一步的分类，即设置科目和账户。

【思考】会计账户与会计科目的关系是怎样的？在经济业务发生时，采用什么方法进行记账，要遵循什么记账规则？

二、计划与实施

（一）会计科目

1. 会计科目的概念和设置意义

（1）会计科目的概念。会计科目是指对会计要素的具体内容按照不同的经济内容和管理需要进行分类的项目，也就是对各项会计要素在科学分类的基础上所赋予的名称。会计科目也可简称为科目，如现金与银行存款、固定资产与原材料、短期借款与长期借款、短期借款与应付账款、应付账款与应付票据等。

（2）设置会计科目的意义：

1）系统、分类反映会计要素内容的需要。

2）满足信息使用者了解会计信息的需要。

3）设置会计账户，核算经济业务的需要。

2. 会计科目设置原则

（1）既要符合企业会计准则规定，又要适应企业的特点（既要符合对外报告的要求，又要满足内部经营管理的需要）。

(2) 既要便于反映会计要素的总括情况，又要便于反映经济业务的具体内容。

(3) 既要满足本单位经济管理的需要，又要满足国民经济宏观调控对会计信息的要求。

(4) 既要适应经济业务发展需要，又要保持相对稳定。

3. 会计科目的分类

(1) 按经济内容分类。会计科目按其所反映的经济内容，可分为五大类，即资产类科目、负债类科目、所有者权益类科目、成本费用类科目和损益类科目。

(2) 按其所提供信息的详细程度分类。

1) 总账科目。总账科目也称"总分类科目"或"一级科目"，是对资产、负债、所有者权益、收入、费用和利润进行总括分类的类别名称。

2) 明细账科目。明细账科目也称"明细分类科目"或"细目"，是对总账科目所属经济内容作详细分类的类别名称。为了适应核算工作的需要，在总账科目下设明细科目较多的情况下，可在总账科目与明细科目之间增设二级科目（也称子目）。

我国企业会计制度规定，总账科目由财政部统一制定，明细科目除会计制度规定设置的以外，企业可根据实际需要自行设置。由一级科目、子目和细目所组成的会计科目体系，是企业建立账簿、开设账户、组织会计核算工作的框架，是实施会计监督、提供企业及有关各方所需要的经济信息资料的基础和依据。另外，为方便使用计算机，国家对会计制度一级会计科目进行了统一编号。

常用会计科目表如表1-3-1所示：

表1-3-1 会计科目表

序号	科目级次	科目编码	一级会计科目	二级会计科目	序号	科目级次	科目编码	一级会计科目	二级会计科目
一、资产类					34	1	2121	应付账款	
1	1	1001	现金		35	1	2151	应付工资	
2	1	1002	银行存款		36	1	2153	应付福利费	
3	1	1009	其他货币资金		37	1	2161	应付股利	

续上表

序号	科目级次	科目编码	一级会计科目	二级会计科目	序号	科目级次	科目编码	一级会计科目	二级会计科目
3	2	100901		外埠存款	38	1	2171	应交税金	
	2	100902		银行本票存款		2	217101		应交增值税
	2	100903		银行汇票存款		2	217103		应交营业税
4	1	1101	短期投资			2	217104		应交消费税
	2	110101		股票投资		2	217106		应交所得税
	2	110102		债券投资		2	217112		应交个人所得税
	2	110103		基金投资	39	1	2176	其他应交款	
	2	110104		其他投资	40	1	2181	其他应付款	
5	1	1102	短期投资跌价准备		41	1	2191	预提费用	
6	1	1111	应收票据		42	1	2301	长期借款	
7	1	1121	应收股利		43	1	2321	长期应付款	
8	1	1131	应收账款					三、所有者权益类	
9	1	1133	其他应收款		44	1	3101	实收资本	
10	1	1141	坏账准备		45	1	3111	资本公积	
11	1	1201	在途物资		46	1	3121	盈余公积	
12	1	1211	原材料			2	312101		法定盈余公积金
13	1	1231	低值易耗品			2	312102		任意盈余公积金
14	1	1243	库存商品			2	312103		法定公益金
15	1	1251	委托加工物资		47	1	3131	本年利润	
16	1	1261	委托代销商品		48	1	3141	利润分配	
17	1	1281	存货跌价准备					四、成本费用类	

续上表

序号	科目级次	科目编码	一级会计科目	二级会计科目	序号	科目级次	科目编码	一级会计科目	二级会计科目
18	1	1301	待摊费用		49	1	4101	生产成本	
19	1	1401	长期股权投资			2	410101		基本生产成本
20	1	1402	长期债权投资			2	410102		辅助生产成本
21	1	1421	长期投资减值准备		50	1	4105	制造费用	
22	1	1501	固定资产					五、损益类	
23	1	1502	累计折旧		51	1	5101	主营业务收入	
24	1	1505	固定资产减值准备		52	1	5102	其他业务收入	
25	1	1601	工程物资		53	1	5201	投资收益	
26	1	1603	在建工程		54	1	5301	营业外收入	
27	1	1605	在建工程减值准备		55	1	5401	主营业务成本	
28	1	1701	固定资产清理		56	1	5402	主营业务税金及附加	
29	1	1801	无形资产		57	1	5405	其他业务支出	
30	1	1805	无形资产减值准备		58	1	5501	营业费用	
31	1	1901	长期待摊费用		59	1	5502	管理费用	
			二、负债类		60	1	5503	财务费用	
32	1	2101	短期借款		61	1	5601	营业外支出	
33	1	2111	应付票据		62	1	5701	所得税	

（二）账户

企业会计对象的具体内容，按其经济特征可以归结为资产、负债、所有者权益、收入、费用和利润六项会计要素。账户按照经济内容可以分为六大类：资产类、负债类、所有者权益类、收入类、费用类、利润类。

1. 会计账户的概念

会计科目只是对会计要素分类的项目，而为了序时、连续、系统地记录由于经济业务的发生所引起的会计要素的增减变动，还需要核算时使用工具，这就是在账簿中开设账户。

账户是根据会计科目开设的，具有一定格式和结构，用于分类反映会计要素增减变动及其结果的一种工具。它由账户名称（即会计科目）和账户结构两部分组成。

每个账户所反映的内容都是会计对象的组成部分，所以各个账户所反映的经济内容，既有严格的界限，又有科学的联系，不能相互混淆。因此，设置账户是组织会计核算工作的起点，是会计核算方法之一。

2. 会计账户的分类

（1）按经济内容分类。会计账户按其所反映的经济内容，可分为五大类，即资产类账户、负债类账户、所有者权益类账户、成本费用类账户和损益类账户。

（2）按其所隶属关系分类。会计账户按其所隶属关系分类，可分为总分类账户和明细分类账户。

3. 账户的基本结构

为了反映特定的经济内容，以便取得必要的会计信息，就必须为账户确定相应的格式，我们把这种格式称为账户的结构。

账户的基本结构也分为左、右两个方向，一方登记增加，一方登记减少，其基本结构如图 1-3-1 所示：

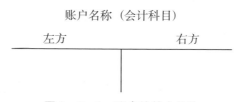

图 1-3-1 账户的基本结构

至于账户哪一方登记数额的增加，哪一方登记数额的减少，取决于所记录经济业务和账户的性质。其中，我们可以将账户中登记本期增加的金额，称为账户的本期增加发生额；登记本期减少的金额，称为账户的本期减少发生额。同时，增减相抵后的差额，称为账户的余额，它在账户中反映由于增加或者减少而引起的会计要素增减变动的结果。

项目一 借贷记账法

"丁"字账户（也称 T 型账户）只是账户的简单格式。在实际工作中，账户必须使用正规格式，具体包括账户名称（会计科目）、记录经济业务的日期、记账凭证的编号、经济业务摘要、借或贷标记栏（增减金额）、余额等，如表 1-3-2 所示：

表 1-3-2　账户名称（会计科目）

年		凭证编号	摘　要	借　方	贷　方	借或贷	余　额
月	日						

每个账户一般有四个金额要素，即期初余额、本期增加发生额、本期减少发生额和期末余额。正常情况下，账户四个数额之间的关系为：

账户期末余额＝账户期初余额＋本期增加发生额－本期减少发生额

4. 会计账户与会计科目的联系与区别（表 1-3-3）

表 1-3-3　会计账户与会计科目的联系与区别

两者的联系	会计科目是设置账户的依据，是账户的名称
	账户是会计科目的具体运用
	会计科目所要反映的经济内容，就是账户所要登记的内容
两者的区别	会计科目仅仅是账户的名称，不存在结构问题；而账户则具有一定的格式和结构，可以记录和反映某类经济内容的增减变动情况及其结果
	会计科目是国家通过制定会计制度而统一规定，而账户是由企业单位根据会计科目的设置和自身经营管理的需要在账簿中开设的

（三）单式记账法与复式记账法

1. 记账方法概念

记账方法是指对客观发生的会计事项在有关账户中进行记录时所采用的方法。记账方法一般由记账符号、所记账户、记账规则、试算平衡等内容构成。

2. 记账方法种类

记账方法分为单式记账法、复式记账法两类。

(1) 单式记账法。单式记账法指对发生的经济业务，只在一个账户中进行记录的记账方法。如用银行存款购买固定资产业务，只记录银行存款的减少。

(2) 复式记账法。复式记账法指对发生的每一项经济业务，都以相等的金额在相互关联的两个或两个以上账户中进行记录的记账方法。如上例不仅登记银行存款的减少，同时登记固定资产的增加。

【比较】单式记账是一种简单、不完整的记账方法，侧重现金、银行存款及债权债务方面发生的经济业务，没有一套完整的账户体系，账户之间也不形成相互对应关系，所以不能全面、系统地反映经济业务的来龙去脉，也不便于检查账户记录的正确性。与单式记账法相比，复式记账法有不可比拟的优越性。

3. 复式记账法原理

(1) 复式记账法的概念。复式记账法是相对于单式记账法而言的。它是根据前述会计平衡公式"资产＝负债＋所有者权益"的基本原理，对发生的每一项经济业务，都以相等的金额在两个或两个以上相互联系的账户中进行登记的记账方法。

(2) 复式记账法的理论依据。采用复式记账法，不仅可以全面地、相互联系地反映各个会计要素的增减变化情况和结果，而且还可以利用资产总额与权益总额相等的关系，来检查账户记录的正确性。由于复式记账法要求以相等的金额在两个或两个以上相互联系的账户中做出双重记录，这就使账户之间在数字上产生了一种互相核对、互相平衡的关系。因此，通过对应关系，可以反映资金的来路、去向；通过平衡关系，可以检查账务处理有无差错。

资金运动的内在规律性是复式记账的理论依据。企业发生的所有经济业务无非就是涉及资金增加和减少两个方面，并且某项资金在量上的增加和减少，总是与另一项资金在量上的减少或增加相伴而生。运用会计方法把两个或两个以上的变动记录下来，即复式记账。换言之，在资金运动中，各种业务的发生，起码会引起两个会计要素（或同一要素中两个项目）发生增减变化，一部分资金的减少或增加，总是有另一部分的增减变动作为其变化的原因。这样就要求会计记账时，必须把每项经济业务所涉及的资金增减变化的原因及结果都记录下来，从而完整、全面地反映经济业务所引起的资金运动的来龙去脉。复式记账法就是适应了资金运动这一规律性的客观要求，把每一项经济业务所涉及的资金在量上的增减变化，通过两个或两个以上账户的记录予以全面反映。

(3) 复式记账的基本原则：

1) 以会计等式作为记账基础，会计等式是资金运动规律的具体化。

2) 对每项经济业务，必须在相互关联的两个或两个以上账户中进行等额记录等量变动。

3) 必须按经济业务对会计等式的影响类型进行记录。

影响类型有两类：一类是使会计等式等号两边会计要素同时发生变化的经济业务（等号两边同增同减，资金总额变动），另一类是使会计等式等号一边会计要素发生变化的经济业务（等号一边此增彼减，资金总额不变）。

4) 定期汇总的全部账户记录必须平衡（保持会计等式的平衡关系，发生额平衡、余额平衡）。

(4) 复式记账法的种类：

1) 借贷记账法。

2) 收付记账法。

3) 增减记账法。

(5) 复式记账法的作用：

1) 能够全面、系统地在账户中记录经济业务，能够提供经营管理所需要的数据信息资料。

2) 能够清晰地反映资金运动的来龙去脉，便于对业务内容了解和监督。

3) 能够运用平衡关系检验账户记录有无差错。

4. 借贷记账法

(1) 借贷记账法的产生与发展：

1) 产生。借贷记账法在12—13世纪起源于商品经济比较发达的意大利，终结于14世纪末，并逐渐流传于全世界。

2) 演进。"借""贷"二字最初只表示借贷资本家与贷款人及借贷人之间的债权、债务关系及其增减变化，随着会计记录业务内容的丰富，逐渐演变为单纯表示各种财产物资增减变化的记账符号。

(2) 借贷记账法的内容：

1) 借贷记账法的含义。借贷记账法是以"借"和"贷"作为记账符号的一种复式记账法，是对于任何一笔经济业务都要用相等的金额，在两个或两个以上的有关账户中做相互联系的登记，以反映各项会计要素增减变动情况的一种记账方法，是复式记账方法中最广泛的一种方法。

2) 借贷记账法的账户结构。其结构分为左右两方，左方为借方，右方为贷方。哪方登记增加，哪方登记减少，则要根据账户反映的经济内容

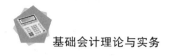

决定。

(3) 借贷记账法的特点：

1) 以"借"和"贷"作为记账符号。"借"和"贷"的具体含义取决于账户所反映的经济内容。一般以"借"表示资产和成本、费用的增加，负债、所有者权益和收入、利润的减少；以"贷"表示负债、所有者权益和收入、利润的增加，资产和成本、费用的减少。

2) 以"有借必有贷，借贷必相等"作为记账规则。采用借贷记账法，对于每项经济业务，都要在记入一个账户借方的同时，记入另一个或几个账户的贷方；或者在记入一个账户贷方的同时，记入另一个或几个账户的借方。而且记入借方的金额必须等于记入贷方的金额。

3) 对账户不要求固定分类。在借贷记账法下，按资产等于权益的平衡关系，可固定划分为资产类账户和权益类账户，还可以设置既反映资产又反映权益的双重性质的账户。

4) 以"借方金额等于贷方金额"作为试算平衡公式。在一个会计期间内发生的经济业务全部登记入账后，所有账户的本期借方发生额合计数与所有账户的本期贷方发生额合计数必然相等，所有账户的借方期末余额合计数与所有账户贷方期末余额合计数也必然相等。用等式表示：

全部账户本期借方发生额合计 = 全部账户本期贷方发生额合计

全部账户期末借方余额合计 = 全部账户期末贷方余额合计

【小结】记账符号

(1) 记账符号——借贷记账法为"借""贷"二字。

(2) 主要作用——表示"增加"或"减少"，反映账户的登记方向。

(3) 符号含义——表示增减，但对于六类性质不同的账户具有不同的含义。

记账规律（规则）：

(1) 有借必有贷——账户登记方向。

(2) 借贷必相等——账户登记金额。

5. **借贷记账法账户的设置和结构**

在借贷记账法下，账户的左方称为"借方"，右方称为"贷方"。在账户的基本结构中，登记在借方的数额称为"借方发生额"，登记在贷方的数额称为"贷方发生额"。两方数额相减后的差额称为"余额"。如果借方发生额大于贷方发生额，其余额称为借方余额；如果贷方发生额大于借方发生额，其余额称为贷方余额。

(1) 资产和负债、所有者权益类账户的结构和格式。

1）资产账户以借方登记资产的增加，贷方登记资产的减少，余额一般在借方，表示资产的结存额。

登记资产账户时，首先将上期的期末余额作为本期的期初余额登入余额栏内，注明"借方"字样。本期发生的涉及资产的经济业务，应按发生时间的先后顺序登入账内，本期发生的增加额登记在借方，减少额登记在贷方。期末计算出本期借方发生额合计和贷方发生额合计，最后计算出期末余额。

资产账户的期末借方余额与本期发生额之间的关系，可用下列公式表示：

期末余额（借方）＝期初余额（借方）＋本期借方发生额－本期贷方发生额

2）负债、权益账户以贷方登记权益的增加，借方登记权益的减少，余额一般在贷方，表示权益的实际数额。

登记负债、权益账户时，首先将上期的期末余额作为本期的期初余额登入余额栏内，并注明"贷方"字样。本期发生的涉及权益（负债和所有者权益）的经济业务，当权益增加时记入贷方，权益减少时记入借方。期末计算出本期借方发生额合计和贷方发生额合计，最后计算出期末余额。

权益账户的期末贷方余额与本期发生额之间的关系，可用下列公式表示：

期末余额（贷方）＝期初余额（贷方）＋本期贷方发生额－本期借方发生额

（2）收入和费用账户的结构和格式。

1）收入账户的结构与权益账户基本相同，贷方登记收入的增加额，借方登记收入的减少额和结转额，期末一般没有余额。

2）费用账户的结构与资产账户基本相同，借方登记费用的增加额，贷方登记费用的减少额和结转额，期末一般没有余额。

（3）具体应用：

1）资产类账户。借方（左方）登记增加，贷方（右方）登记减少，余额在借方（左方）。

2）负债类账户。借方（左方）登记减少，贷方（右方）登记增加，余额在贷方（右方）。

3）所有者权益类账户。借方（左方）登记减少，贷方（右方）登记增加，余额在贷方（右方）。

4）收入、利润类账户。借方（左方）登记减少或结转额，贷方（右方）登记增加，期末结转后无余额（转入本年利润和利润分配）。收入、利润属所有者权益，因此与权益账户结构类似。

5）成本费用类账户。借方（左方）登记增加，贷方（右方）登记减少或转出额，期末结转后无余额（转入本年利润）。费用在未结转之前，可看作资产的转化形态，因此其账户结构与资产类账户结构类似。

6）双重性账户。如"待处理财产损益"，借方登记发生的损失及冲转的溢余，贷方登记发生的溢余及冲转的损失。期末余额如在借方，表示净损失；在贷方则表示净收益。

【小结】

（1）从每一个账户来说，期初余额或期末余额只可能在账户的一方，借方或贷方反映期初或期末资产、负债、所有者权益数额。

（2）如果某一账户借方期初余额和本期借方发生额合计大于贷方本期发生额，期末余额在借方，反映期末资产额；反之，如果贷方期初余额和本期贷方发生额合计大于借方本期发生额，期末余额在贷方，反映期末负债与所有者权益。

三、评价反馈

主要评价学生是否能掌握借贷记账法的记账规则。

实 训 一

1．目的
联系经济业务的发生对会计等式的影响类型。

2．资料
某企业 2011 年 2 月发生下列经济业务：
（1）用银行存款购买材料。
（2）用银行存款支付前欠 A 单位货款。
（3）将盈余公积金转增资本。
（4）向银行借入长期借款，存入银行。
（5）收到所有者投入的设备。
（6）向国外进口设备，款未付。
（7）用银行存款归还长期借款。
（8）以固定资产向外单位投资。
（9）用应付票据归还前欠 B 单位贷款。
（10）经批准，用收到的所有者资本金偿还应付给其他单位欠款。
（11）将一笔长期借款，转为对企业的投资。

(12) 依法以银行存款退还某投资者的投资。
3. **要求**
根据以上经济业务，说明经济业务的变化类型并填制表1-3-4。

表1-3-4 经济业务对会计等式的影响类型

经济业务类型	经济业务序号
(1) 一项资产增加，另一项资产减少	
(2) 一项负债增加，另一项负债减少	
(3) 一项所有者权益增加，另一项所有者权益减少	
(4) 一项资产增加，一项负债增加	
(5) 一项资产增加，一项所有者权益增加	
(6) 一项资产减少，一项负债减少	
(7) 一项资产减少，一项所有者权益减少	
(8) 一项负债减少，一项所有者权益增加	
(9) 一项负债增加，一项所有者权益减少	

实 训 二

1. **目的**

练习经济业务的发生对会计等式的影响。

2. **资料**

光明工厂2011年5月发生下列经济业务：

(1) 国家投入新机器1台，价值30 000元。

(2) 以银行存款10 000元，偿还银行长期借款。

(3) 取得银行借款（期限半年）直接偿还前欠货款25 000元。

(4) 收回应收货款20 000元，存入银行。

(5) 从银行存款中提取现金300元。

(6) 以银行存款偿还前欠货款15 000元。

(7) 以现金支付职工预借差旅费200元。

3. **要求**

(1) 分析上述各项经济业务引起哪些资产和权益项目发生增减变动。

(2) 将分析结果填入表1-3-5内。

表1-3-5 经济业务与会计要素变动的关系

业务序号	经济业务类型	对资产和权益总额的影响
(1)		
(2)		
(3)		
(4)		
(5)		
(6)		
(7)		

任务四 试算平衡

学习目标与要求：

本任务的学习目标是使学生在借贷记账法下熟练编制会计分录，掌握总分类账户和明细分类账户的平行登记的要点。

学习重点：

(1) 编制会计分录，编制试算平衡表。

(2) 总分类账户和明细分类账户的平行登记的要点。

学习难点：

编制会计分录，编制试算平衡表。

一、学习准备

前面任务中我们已经学习了科目、账户以及借贷记账法的记账规则。如何在经济业务发生时运用借贷记账法编制会计分录进行试算平衡呢？

实例： 小甄从会计系毕业，刚刚被聘任为福星工厂的会计员。今天是他来公司上班的第一天。会计科的同事们忙得不可开交，他一问才知道，大家正在忙于月末结账。"我能做些什么？"会计科长看他那急于投入工作的表情，也想检验一下他的工作能力，就问："试算平衡表的编制方法在学校学过了吧?""学过。"小甄很自然地回答。"那好吧,趁大家忙别的时候,你先编一下我们公司这个月的试算平衡表。"科长帮他找到了本公司所有的总账账簿,让他在早已为他准备好的办公桌开始工作。不到一个小时,一张"总分类账户发生额及余额试算平衡表"就完整地编制出来了。看到表格上那相互平衡的三组数字,小甄激动的心情难以言表,兴冲冲地交给了科长。

二、计划与实施

(一) 会计分录

1. 确定会计分录

(1) 两个重要名词:

1) 账户对应关系。复式记账时一笔经济业务所涉及的几个账户之间存在着相互依存性。例如,收到投资者投资存入银行,"银行存款"与"实收资本"账户就建立起了对应关系。一项经济业务的会计分录账户之间的对应关系是固定的。

运用借贷记账法处理经济业务时,每项经济业务发生后所登记的账户之间存在着相互依存的关系,有时是一个账户的借方对应另一个账户的贷方;有时是一个账户的借方(或贷方)对应几个账户的贷方(或借方)。账户之间这种相互依存的关系,称为账户对应关系;存在着对应关系的账户,称为对应账户。通过账户对应关系,我们可以清楚地了解每项经济业务的内容,以及由此而引起的资金运动的来龙去脉。

2) 对应账户。分录中存在着对应关系的账户。在上述1)的例子中,"银行存款"与"实收资本"账户就互为对应账户。

(2) 会计分录的含义。所谓会计分录,就是按照借贷记账法的规则,确定某项经济业务应借、应贷账户的名称及其金额的一种记录。也可以说是经济业务在登记账户前预先确定的应记账户名称、方向和金额的一种记录形式。在实际工作中,会计分录是填写在记账凭证上的。它是构成记账凭证的基本内容。换言之,会计分录的格式化就是记账凭证。

(3) 编制会计分录的基本方法。编制会计分录的三个要素:确定账户名称、确定记账方向、确定应记金额。

(4) 会计分录的编制步骤:

1) 分析经济业务事项涉及的账户。

2) 确定涉及哪些账户,是增加还是减少。

3) 确定哪个(或哪些)账户记借方,确定哪个(或哪些)账户记

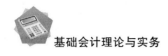

贷方。

4) 编制会计分录，并检查是否符合记账规则。

(5) 教学中会计分录的格式及书写要求。会计分录的书写格式：借方写在上面，贷方写在借方的下面，上下错开两个字；注明应记的会计科目，如需注明明细科目的，应在一级科目后面加一破折号，写上明细科目；金额用阿拉伯数字，数字后不写"元"，借方和贷方的金额应各自对齐。

(6) 会计分录的种类。按照会计分录反映经济业务的繁简程度，分为简单分录和复合分录两种。简单分录是指只涉及两个账户的分录，一个记借方，另一个记贷方，即一借一贷的会计分录。简单分录的账户对应关系明确，反映资金来龙去脉一清二楚。复合分录是指涉及三个或三个以上账户的会计分录，这种分录在一个账户中记借方，在另外几个账户中记贷方；或者在一个账户中记贷方，在另外几个账户中记借方，即一借多贷、一贷多借的会计分录。

1) 简单会计分录——由两个账户组成的会计分录（一个账户的借方只同另一个账户的贷方发生对应关系，即一借一贷的会计分录）。

2) 复合（复杂）会计分录——由两个以上账户所组成的会计分录（一个账户的借方同几个账户的贷方发生对应关系；或相反，一个账户的贷方同几个账户的借方发生对应关系。即一借多贷或多借一贷的会计分录，也包括多借多贷的分录）。

(7) 复合会计分录的分解。借贷记账法的具体运用实例如下：

会计分录举例——福星工厂12月发生的经济业务如下：

1) 1日，收到投资者投入的货币资金1 000 000元，存入银行。

2) 2日，从红光工厂购入A材料5000千克，单价20元，款项用银行存款支付，材料已经验收入库。（增值税不计）

3) 2日，从胜利工厂购入C材料2000千克，单价10元，款项尚未支付，材料验收入库。（增值税不计）

4) 10日，从银行借入3个月期限的借款300 000元，存入银行。

5) 18日，用银行存款支付胜利工厂的材料款。

要求：根据以上经济业务，做出相应的会计分录。

会计分录如下：

1) 借：银行存款   1 000 000
       贷：实收资本   1 000 000
2) 借：原材料——A材料   100 000
       贷：银行存款   100 000

3）借：原材料——C 材料　　　　　　　　　　　　20 000
　　贷：应付账款——胜利工厂　　　　　　　　　　20 000
4）借：银行存款　　　　　　　　　　　　　　　300 000
　　贷：短期借款　　　　　　　　　　　　　　　300 000
5）借：应付账款——胜利工厂　　　　　　　　　　20 000
　　贷：银行存款　　　　　　　　　　　　　　　20 000

2. 登记账户

将每一项经济业务编制成会计分录，仅仅是确定了该经济业务发生以后应记入的账户、账户的方向及金额。会计分录只是分散地反映了经济业务对各账户的影响，还不能够连续、系统地反映一定会计期间内全部经济业务对各账户的综合影响。为了实现这一目的，还需要将会计分录的数据过入到各有关账户中去，这个记账过程通常称为"过账"。过账以后，一般要在月末进行结账，即结算出各账户的本期发生额合计和期末余额。

实际工作中，过账的具体做法有两种：一是在编制会计分录的基础上逐笔过账，二是定期汇总同类业务的会计分录。一次性过入有关的分类账户，过账以后，一般要在月底进行结账，即结算各个账户的本期发生额合计和期末余额。

假设福星工厂 2010 年 11 月 30 日总账各账户余额如表 1-4-1 所示：

表 1-4-1　福星工厂 2010 年 11 月 30 日总账各账户余额

金额单位：元

资产类科目	期初余额	负债及所有者权益类科目	期初余额
现金	15 000	短期借款	990 000
银行存款	600 000	应付账款	300 000
应收账款	45 000	实收资本	3 600 000
材料	2 130 000		
固定资产	2 100 000		
总　　计	4 890 000	总　　计	4 890 000

承前例，将福星工厂 12 月经济业务的会计分录计入下列各个账户，如图 1-4-1 到图 1-4-8 所示：

现金

借方		贷方	
期初余额	15 000		
本期发生额	0	本期发生额	0
期末余额	15 000		

图1-4-1 "现金"账户

银行存款

借方		贷方	
期初余额	600 000		
①	1 000 000	②	100 000
④	300 000	⑤	20 000
本期发生额	1 300 000	本期发生额	120 000
期末余额	1 780 000		

图1-4-2 "银行存款"账户

应收账款

借方		贷方	
期初余额	45 000		
本期发生额	0	本期发生额	0
期末余额	45 000		

图1-4-3 "应收账款"账户

原材料

借方		贷方	
期初余额	2 130 000		
②	100 000		
③	20 000		
本期发生额	120 000	本期发生额	0
期末余额	2 250 000		

图1-4-4 "原材料"账户

项目一 借贷记账法

固定资产

借方		贷方	
期初余额	2 100 000		
本期发生额	0	本期发生额	0
期末余额	2 100 000		

图1-4-5 "固定资产"账户

短期借款

借方		贷方	
		期初余额	990 000
		④	300 000
本期发生额	0	本期发生额	300 000
		期末余额	1 290 000

图1-4-6 "短期借款"账户

应付账款

借方		贷方	
		期初余额	300 000
⑤	20 000	③	20 000
本期发生额	20 000	本期发生额	20 000
		期末余额	300 000

图1-4-7 "应付账款"账户

实收资本

借方		贷方	
		期初余额	3 600 000
		①	1 000 000
本期发生额	0	本期发生额	1 000 000
		期末余额	4 600 000

图1-4-8 "实收资本"账户

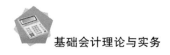

3. 试算平衡

（1）试算平衡的含义。试算平衡即根据会计等式的平衡原理，按照记账规则的要求，通过汇总计算和比较，检查账户记录的正确性、完整性的技术方法。

（2）试算平衡的基本方法。一定会计期间的全部经济业务编制成的会计分录过账后，如果记账没有差错，那么全部账户的借方发生额和贷方发生额也必然相等，从而全部账户的借方余额与贷方余额也必然相等。

1）发生额平衡法。发生额即在一定会计期间内账户所登记的增加额和减少额。

·平衡公式：全部账户借方发生额 = 全部账户贷方发生额。
·平衡原理：借贷记账法的记账规则——有借必有贷，借贷必相等。
·平衡依据：一定时期内全部账户发生额合计。

2）余额平衡法。

·平衡公式：全部账户借方余额合计数 = 全部账户贷方余额合计数。
·平衡原理：会计等式的平衡原理。资产 = 负债 + 所有者权益。
·平衡依据：一定时期末全部账户余额。
·平衡方法：编制总分类账户余额试算平衡表。

这就形成了账户之间的一系列平衡关系：

全部账户的期初借方余额合计数 = 全部账户的期初贷方余额合计数。

全部账户的本期借方发生额合计数 = 全部账户的本期贷方发生额合计数。

全部账户的期末借方余额合计数 = 全部账户的期末贷方余额合计数。

上述三个方面的平衡关系，可以用来检查账户记录的正确性。会计上称为试算平衡。如果都保持平衡，说明记账工作基本上是正确的。试算平衡通常是通过编制试算平衡表来进行的。

根据试算的目的不同，编表的格式也可以有区别。如果只检查本期经济业务登记是否有误，可只编制本期发生额试算平衡表；如果只检查记账结果是否有误，可只编制期末余额试算平衡表。应该指出，试算平衡能够核查出账户记录的错误，但不能发现记账过程中的所有错误。如用错账户、记错方向、错记金额，并不一定影响借贷平衡。"试算平衡表"的格式如表 1 – 4 – 2 所示。

项目一 借贷记账法

表1-4-2 试算平衡表

××年××月　　　　　　　　　　　　　　　　　　　金额单位：元

科目代码	科目名称	期初余额		本期发生额		期末余额	
		借方	贷方	借方	贷方	借方	贷方
	合　计						

承前例，根据上述试算平衡公式和试算平衡表，编制总分类账户试算平衡表进行试算平衡，如表1-4-3所示。

表1-4-3 福星工厂总分类账户试算平衡表

2010年12月31日　　　　　　　　　　　　　　　　金额单位：元

会计科目	初期余额		本期发生额		期末余额	
	借方	贷方	借方	贷方	借方	贷方
现金	15 000				15 000	
银行存款	600 000		1 300 000	120 000	1 780 000	
应收账款	45 000				45 000	
原材料	2 130 000		120 000		2 250 000	
固定资产	2 100 000				2 100 000	
短期借款		990 000		300 000		1 290 000
应付账款		300 000	20 000	20 000		300 000
实收资本		3 600 000		1 000 000		4 600 000
合　计	4 890 000	4 890 000	1 440 000	1 440 000	6 190 000	6 190 000

（二）总分类账户和明细分类账户的平行登记

1. 总分类账户和明细分类账户的设置

各会计主体日常使用的账户，按其提供资料的详细程度不同，可以分为总分类账户和明细分类账户两种。总分类账户是按照总账科目开设，提供资产、权益、收入和费用的总括资料；明细分类账户是按照明细科目开设，提供资产、权益、收入和费用的详细资料。

总分类账户仅以货币计量单位进行登记，用来提供总括核算资料的账户。各会计主体在设置总分类账户的同时，还应根据实际需要，在某些总分类账户的统驭下，分别设置若干明细分类账户。

明细分类账户用来提供详细核算资料，除了以货币计量单位进行金额核算外，还运用实物计量单位进行数量核算，以便通过提供数量方面的资料，对总分类账户进行必要的补充。

账户的层次及相互关系如图1-4-9所示。

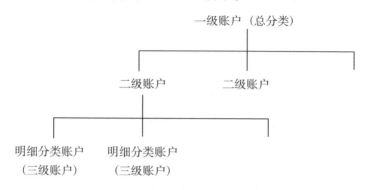

图1-4-9　账户的层次及相互关系

2. 总分类账户与明细分类账户的平行登记

总分类账户与明细分类账户之间的关系是：总分类账户对其所属的明细分类账户起着控制、统驭的作用；明细分类账户对其归属的总分类账户则起着补充、具体说明的作用。两者相辅相成，只是反映经济业务的详细程度不同，但是两者登记的原始依据是相同的，核算的内容也是相同的。只有将两者结合起来，才能既总括又详细地反映同一核算内容。因此，这就决定了在会计核算中，总分类账户和明细分类账户必须平行登记，既要登记总分类账户，又要登记明细分类账户。

总分类账户与明细分类账户平行登记的要点：

（1）依据相同。凡在总分类账户下设有明细分类账户的，对发生的经济业务都要以相关的会计凭证为依据，一方面登记有关总分类账户，另一方面要登记其总分类账户所属明细分类账户。

（2）方向相同。将经济业务记入总分类账和明细分类账时，记账方向必须相同。即在总分类账户中记入借方，在它所属的明细分类账户中也应记入借方；在总分类账户中记入贷方，在其所属的明细分类账户中也应记入贷方。

（3）期间相同。对于每项经济业务，在记入总分类账户和明细分类账户的过程中，可以有先有后，但必须在同一会计期间（如同一个月、同一个季度、同一年度）全部登记入账。

（4）金额相等。记入总分类账户的金额，应与记入其所属明细分类账户的金额合计相等。

通过平行登记，总分类账与明细分类账之间在登记金额上就形成了如下关系：

总分类账户借方（贷方）发生额＝所属各明细分类账户借方（贷方）发生额之和

总分类账户借方（贷方）余额＝所属各明细分类账户借方（贷方）余额之和

以上这种金额上的关系也称为总分类账与明细分类账的钩稽关系，这一钩稽关系也是总分类账与明细分类账相互核对的理论依据。

三、评价反馈

某企业 2005 年 1 月资产、负债和所有者权益账户期初余额如表 1－4－4 所示：

表 1－4－4　某企业 2005 年 1 月资产、负债和所有者权益账户期初余额

金额单位：元

账户名称	期初余额	账户名称	期初余额
现金	1 000	短期借款	20 000
银行存款	150 000	应付账款	10 000
应收账款	20 000	应交税金	35 000
原材料	20 000	实收资本	100 000
固定资产	125 000	本年利润	166 000
生产成本	15 000		
合　　计	331 000	合　　计	331 000

该企业 2005 年 1 月发生了以下的经济业务：

（1）从银行取得短期借款 10 000 元，存入银行。

（2）采购员王强出差预借差旅费 800 元，以现金支付。

（3）从银行提取现金 2 000 元备用。

（4）管理部门购买办公用品 500 元，以现金支付。

（5）收回应收账款 20 000 元存入银行。

（6）购入材料一批，价款 40 000 元，增值税 6 800 元，材料已验收入库，款项尚未支付。

（7）生产车间制造产品领用材料 10 000 元。

（8）以银行存款偿还应付账款 40 000 元。

（9）开出转账支票，上缴税金 28 000 元。

（10）收到投资者投入货币资金 10 000 元，存入银行。

（11）购入生产设备一台，价值 65 000 元，款项已用银行存款支付。

（12）采购员王强报销差旅费 850 元，以现金支付其垫付款。

要求：

（1）编制上述业务的会计分录。

（2）做各账户的 T 型账户。

（3）编制该企业 2005 年 1 月的试算平衡表。

项目二　出纳岗位实务

任务一　现金往来业务处理

学习目标与要求：

通过本任务的学习，让学生学会办理现金收付和银行结算业务；具备保管各种有价证券和库存现金，执行现金管理和银行支付结算办法，保管印章、空白支票和收据，填写各种主要的银行结算凭证的能力。

学习重点：

（1）现金收付业务和银行结算业务。

（2）现金管理和银行支付结算办法。

（3）填写各种主要的银行结算凭证。

学习难点：

（1）现金收付业务和银行结算业务。

（2）现金管理和银行支付结算办法。

一、学习准备

前面我们已经了解了出纳日常工作的内容，现在需要准备各种空白支票、收据、进账单、发票等复印件，还有各种学习用的印章、签字笔等，开始进入货币资金往来的业务处理。

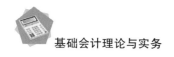

二、计划与实施

(一) 现金收入业务

1. 现金收入业务处理程序

办理现金收入业务的一般程序：复核收款凭证→清点现金→开出收据→登记日记账。

从银行提取现金的工作程序：

(1) 填写现金支票。
(2) 向开户银行提交现金支票。
(3) 取到现金后，应当场点清，确认无误后方可离开。
(4) 及时将现金存入保险柜。
(5) 根据现金支票存根填制记账凭证。
(6) 根据审核无误的记账凭证登记现金日记账和银行存款日记账。

【小知识】支票上印有"现金"字样的为现金支票，现金支票既可用于支取现金，也可用于转账，相当于普通支票。支票上印有"转账"字样的为转账支票，转账支票只能用于转账。支票上未印有"现金"或"转账"字样的为普通支票。在普通支票左上角画两条平行线的，为画线支票。画线支票只能用于转账，不得支取现金。支票结算具有简便、灵活、迅速和可靠的特点，是目前较为常见的一种同城结算方式。支票领用、签发操作流程如表 2－1－1 所示：

【试一试】根据所述程序，画出从银行提取现金的工作流程图。

表 2－1－1　支票领用、签发操作要点

项　目	操　作　要　点
领用支票	企业须向银行购买支票。按规定每个账户一次只准购买一本支票，业务量大的可适当放宽。 企业购买支票时，应由出纳人员填制一式三联的"重要空白凭证领用单"，在第一联加盖预留银行印鉴，送交银行办理。经银行核对印鉴相符后，在"重要空白凭证登记簿"上注明领用日期、领用单位、支票起讫号码、密码号码、领取人等。同时，按规定向银行支付一定的工本费和手续费。 银行在出售支票时，要打印两张支票密码，一张给领用单位，另一张留银行备查，以便办理结算时核对。同时，还要在出售的每张支票上加盖银行的名称或签发人账号。 企业撤销、合并或因其他原因结清账户时，应将剩余未用的空白支票交回银行，切角作废

续上表

项　　目	操 作 要 点
签发现金支票	出纳在签发现金支票时，应按照规范认真填写签发日期、收款人、人民币大小写、支票号码、款项用途和支票密码等项目。 　　其中： 　　签发日期应填写实际签发支票的日期，不得漏填或预填日期。 　　"收款人"栏中一定要写明收款单位的附属机构或个人，收款人应在支票存根联签名或盖章。 　　大小写人民币金额必须填写一致、完整，不得涂改，在小写金额前，应填写人民币符号"￥"。
	"用途"栏应实事求是地填写，不得巧立名目套取现金。 　　"密码号"栏应按照银行提供的密码单填写。 　　"签发人盖章"处应将预留银行印鉴加盖齐全。 　　大小写、金额和收款人三个栏目如有错误，必须作废，然后重新签发。其他栏目填错，可以由签发人在改正处加盖预留银行印鉴来证明

2．现金收款凭证的复核

现金收款凭证是出纳人员办理现金收入业务的依据。复核的主要是记账凭证及其所附单据的真实性、合法性。

3．开出现金收入凭据

出纳收取现金后，应向缴款人开具收入凭据，一式三联，其中一联交给缴款人，一联留作存根，以备查验，一联作为记账凭证。

（二）现金付款业务

1．现金付款凭证的复核

现金付款凭证是出纳人员办理现金支付业务的依据。出纳人员对每一笔现金业务都要认真复核现金付款凭证。其复核方法及基本要求与现金收款凭证大致相同。但出纳人员在复核现金付款凭证时，应注意以下五点：

第一，对于涉及现金和银行存款之间的收付业务，即从银行提取现金或以现金存入银行，为了避免重复，只按照收付业务涉及的贷方科目编制付款凭证。

第二，现金付款凭证如出现红字时，实际经济业务应是现金收入的增加。但在处理时，为了避免混淆，出纳人员在凭证上加盖印章时仍应加盖现金付讫章，以表示原经济业务付出的款项已全部退回。

第三，发生销货退回时，如数量较少，且退款金额在转账起点以下，需用现金退款时，必须取得对方的收款收据，不得以退货发票代替收据编制付款凭证。

第四，从外单位取得的原始凭证如遗失，应取得原签发单位盖有公章的证明，并注明原始凭证的名称、金额、经济内容等，经单位负责人批准，方可代替原始凭证。如确实无法取得证明的，须由当事人写出详细情况，由同行人证明，并经主管领导和财务负责人批准，方可代替原始凭证。

第五，"原始凭证分割单"可作为添置付款凭证的依据。出纳人员需要对"原始凭证分割单"进行审查。

2. 现金支出业务的处理程序

现金支出业务的处理程序：复核付款凭证→加盖印章→支付现金→出纳签章→登记日记账。

现金支出业务程序如下：

（1）整理现金。出纳员在将现金送存银行之前，为了便于银行柜台清点现金，提高工作效率，应对送存现金进行分类整理。

（2）填写现金送款单。现金整理完后，出纳员应根据整理后的金额填写现金送款单。现金送款单一般一式二联，第一联为回单，由银行签章后作为送款单位的记账依据；第二联作为银行收入传票。出纳人员在填写现金送款单时应注意以下四个问题：

1）必须如实填写现金送款单的各项内容。

2）交款日期应当填写送存银行当日的日期。

3）券别的明细账的张数和金额必须与各券别的实际数一致。

4）在填写现金送款单时必须采用双面复写纸，字迹必须清楚、规范，不得涂改。

（3）送交存款。出纳员按规定整理现金并填写现金送款单后，应将现金连同现金送款单一并送交银行柜台收银员。在送交时，送款人必须同银行柜台收银员当面交接清点。经柜台收银员清点无误后，银行按规定在现金送款单上加盖印章，并将"回单联"退还给送款人，送款人在接到"回单联"后，应立即进行检查，确认为本单位的交款回单，而且银行有关手续已经办妥后即可离开柜台。

（4）记账。交款人将现金送存银行并取回现金送款单（回单联）后（表2-1-2），财务部门根据"回单联"填写现金付款凭证。

表 2-1-2　中国××银行现金送款单

对方科目						交款日期		年		月		日	
收款单位名称				开户银行账号									
款项来源						金　额							
						百	十万	千	百	十	元	角	分
人民币（大写）													
券别数额	100元	50元	20元	10元	5元	2元	1元	5角	2角	1角	金额合计		
整把券											收款银行盖章		
零把券													

收款复核　　　　　　　　　收款员

三、评价反馈

设计一个场景，组织学生进行现金收付业务的模拟操作。

任务二　编制银行存款余额调节表

学习目标与要求：

通过本任务的学习，学生能够了解银行存款的管理控制制度，要求掌握银行存款收付的核算与核对方法，能熟练编制银行存款余额调节表。

学习重点：

（1）银行存款的结算控制制度。

（2）银行存款的核算。

（3）银行存款的会计处理和清查。

学习难点：

（1）银行存款的核算。

（2）银行存款的会计处理和清查。

一、学习准备

前面任务中我们已经学习了现金收付和结算业务,下面我们学习银行存款的管理控制制度、核算和清查。

二、计划与实施

银行存款是指企业存放在开户银行和其他金融机构的货币资金。
(一)银行存款账户的开设
凡是独立核算的企业都必须在当地银行开设账户,以办理存款、取款和转账等结算。

1. 银行结算账户的概念

银行结算账户又称人民币银行结算账户,是指银行为存款人开立的用于办理现金存取、转账结算等资金收付结算的人民币活期存款账户。它是存款人办理存、贷款和资金收付活动的基础。

2. 银行结算账户的种类

(1)银行结算账户按照用途不同,分为基本存款账户、一般存款账户、专用存款账户和临时存款账户。

存款人因办理日常转账结算和现金收付的需要,可以开立基本存款账户。存款人因借款和其他结算需要,可以在基本存款账户开户银行以外的银行营业机构开立一般存款账户,一般存款账户没有数量限制,但企业在每家银行只能开设一个一般存款账户。存款人可以通过该账户办理转账结算和现金缴存,但不得办理现金支取。存款人按照国家法律、行政法规和规章的规定,需要对其特定用途资金进行专项管理和使用的,可以开立专用存款账户。临时机构或存款人因临时性经营活动的需要,可以开立临时存款账户,用于办理临时机构以及临时经营活动发生的资金收支。

(2)银行结算账户按存款人不同,分为单位银行结算账户和个人银行结算账户。

单位银行结算账户是指存款人以单位名称开立的银行结算账户。个体工商户凭营业执照以字号或经营者姓名开立的银行结算账户纳入单位银行结算账户管理。个人银行结算账户是指存款人凭个人身份证件以自然人名称开立的银行结算账户。个人因使用借记卡、信用卡在银行或邮政储蓄机构开立的银行结算账户,纳入个人银行结算账户管理。

3. 银行结算账户管理的基本原则

（1）一个单位一个基本账户原则。单位银行结算账户的存款人只能在银行开立一个基本存款账户，不能多头开立基本存款账户。

（2）自愿选择原则。存款人可以自主选择银行开立银行结算账户。除国家法律、行政法规和国务院规定外，任何单位和个人不得强令存款人到指定银行开立银行结算账户。

（3）存款保密原则。银行应依法为存款人的银行结算账户的信息保密。对单位银行结算账户的存款和有关资料，除国家法律、行政法规另有规定外，银行有权拒绝任何单位或个人查询。

（4）守法原则。银行结算账户的开立和使用应当遵守法律、行政法规的规定，不得利用银行结算账户进行偷逃税款、逃避债务、夺取现金及其他违法犯罪活动。

（二）银行存款结算原则

1. 恪守信用、履约付款原则

根据该原则规定，各单位之间、单位与个人之间发生交易往来，产生支付结算行为时，结算当事人必须依照双方约定的民事法律关系内容依法承担义务和行使权利，严格遵守信用，履行付款义务，特别是应当按照约定的付款金额和付款日期进行支付。结算双方办理款项收付完全建立在自觉自愿、相互信任的基础上。

2. "谁的钱进谁的账、由谁支配"原则

根据该原则，银行在办理结算时，必须按照存款人的委托，将款项支付给其指定的收款人；对存款人的资金，除国家法律另有规定外，必须由其自由支配。这一原则主要在于维护存款人对存款资金的所有权，保证其对资金支配的自主权。

3. 银行不垫款原则

根据该原则，银行在办理结算过程中，只负责办理结算当事人之间的款项划拨，不承担垫付任何款项的责任。这一原则主要在于划清银行资金与存款人资金的界限，保护银行资金的所有权和安全，有利于促使单位和个人直接对自己的债权债务负责。

（三）银行结算纪律及要求

1. 银行结算纪律

银行结算纪律是指通过银行办理转账结算的各单位或个人，在办理具体结算业务过程中，应当遵守的行为规范。具体包括以下四个方面：

（1）不准签发没有资金保证的票据或远期支票，套取银行信用。

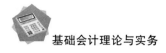

（2）不准签发、取得和转让没有真实交易和债权债务的票据，套取银行和他人的资金。

（3）不准无理拒绝付款，任意占用他人资金。

（4）不准违反规定开立和使用账户。

2．支付结算要求

（1）单位、个人和银行办理支付结算必须使用按中国人民银行统一规定印制的票据和结算凭证。

（2）单位、个人和银行应当按照《银行账户管理办法》的规定开立和使用账户。

（3）票据和结算凭证上的签章和其他记载事项应当真实，不得伪造、变造。

（4）填写票据和结算凭证应当规范，做到要素齐全、数字正确、字迹清晰、不错不漏、不潦草、防止涂改。

（四）银行结算方式

结算方式是指用一定的形式和条件来实现企业间、企业与其他单位和个人间货币收付的程序和方法，分为现金结算方式和转账结算方式两种。企业按规定的范围使用现金结算方式外，大部分货币收付业务应使用转账结算方式。转账结算方式，即银行结算方式，是指银行通过划转或通过结算票据的给付来完成结算过程的结算形式。

目前，企业常用的转账结算方式主要包括支票、银行本票、商业汇票、汇兑、委托收款、托收承付和信用卡等。

1．支票结算

支票是出票人签发，委托办理支票存款业务的银行或者其他金融机构在见票时无条件支付确定的金额给收款人或持票人的票据。

支票可分为转账支票、现金支票和普通支票三种。转账支票只能用于转账，不得支取现金；现金支票只能用于支取现金，不得背书转让；普通支票即可用于支取现金，也可以用于转账。支票结算适用于同城票据交换地区内的单位和个人之间的一切款项结算。自 2007 年 6 月 25 日起，支票实现了全国通用，异地之间也可以使用支票进行支付结算。

支票一律记名，可以背书转让。

支票提示付款期为 10 日（从签发支票的当日起，到期日遇法定节假日顺延）。

支票签发的日期、大小写金额和收款人名称不得更改，其他内容有误，可以划线更正，并加盖银行预留印鉴以兹证明。

支票发现被遗失，可以向付款银行申请挂失，挂失前已经支付，则银行不予受理。

出票人签发空头支票、印章与银行预留印鉴不符的支票、使用支付密码但支付密码错误的支票，银行除将支票作退票处理外，还要按票面金额处以5%但不低于1 000元的罚款。

支票金额起点为100元，支票不得出借或出让。

企业财会部门指定专业人领购、保管和签发支票。

2. 银行本票结算

银行本票是银行签发，承诺自己在见票时无条件支付确定的金额给收款人或者持票人的票据。单位和个人在同一票据交换地区需要支付各种款项，均可使用银行本票。银行本票分为不定额本票和定额本票两种，不定额本票金额起点为100元，定额本票面额为500元、1 000元、5 000元和10 000元。

银行本票可以用于转账。注明"现金"字样的，可支取现金；申请人或收款人为单位的，不得申请签发现金银行本票。

银行本票可以用于背书转让，但标明"现金"字样的银行本票不得背书转让。

银行本票一律记名，可以背书转让，见票即付，付款期限为1个月。

3. 银行汇票结算

银行汇票是汇款人将款项交开户银行，由银行签发给汇款人持往异地办理结算或支取现金的票据。银行汇票适用于单位、个人汇拨各种款项的结算。

银行汇票可以用于转账；填明"现金"字样的，可支取现金。

申请人或者收款人为单位的，不得申请签发现金银行汇票。

银行汇票一律记名，可以背书转让。

银行汇票提示付款期限，自出票日期起1个月。

未指定代理付款人的银行汇票丢失，银行不受理挂失止付，仅做道义上的协助防范。

申请人因银行汇票超过付款提示期或其他原因，要求退款时，需持汇票和"解汇通知"到原出票行办理手续；若因缺少"解讫通知联"的汇票要求退汇的，应在汇票提示付款期满1个月后（即签发月开始2个月后）到银行办理退汇。若因银行汇票丢失要求退汇的，应在提示付款期满1个月后持人民法院出具的有效证明到银行办理退汇。

4. 商业汇票结算

商业汇票是由出票人签发，由承兑人承兑，并于到期日向收款人和持票

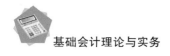

人支付款项的票据，按承兑的不同，可分为商业承兑汇票和银行承兑汇票。

商业汇票结算方式同城或异地均可使用。

签发商业汇票必须以真实合法的商品交易为基础。

商业汇票一律记名，允许背书转让。

商业汇票承兑期限由交易双方确定，最长不超过6个月。

商业汇票到期日前，收款人和被背书人应送交开户银行办理向付款人提示付款，对逾期超过10日的商业汇票，银行不予受理。

银行承兑汇票的承兑银行按票面金额5‰向申请人计收承兑手续费。

已承兑的商业汇票丢失，可由持票人通知付款人挂失止付。

对符合条件的未到期的银行承兑汇票，持票人可向银行申请贴现。

5. 汇兑结算

汇兑是汇款人委托银行将其款项支付给收款人的结算方式。汇兑分为信汇和电汇两种。单位和个人各种款项的结算，均可使用汇兑结算方式。

收款人既可以是在汇入行开立账户的单位，也可以是"留行待取"的个人。

个人汇款解讫后，可通过开立的应解汇款及临时存款账户，办理转账支付和以原收款人为收款人的转汇业务。

汇款人对银行已经汇出的款项，可以申请退回，对在汇入银行开立的存款账户的收款人由汇款人与收款人自行联系退汇；对未在汇入银行开立存款账户的收款人，由汇出银行通知汇入银行，经核实汇款确未支付，并将款项收回后，方可办理退汇。

6. 委托收款结算

委托收款是收款人委托银行向付款人收取款项的结算方式。

委托收款在同城、异地均可使用。在同城范围内收款人收取公用事业费，经当地人民银行批准，可以使用同城特约委托收款。

7. 托收承付结算

托收承付是由收款人根据购销合同发货后，委托银行向异地付款人收取款项，由付款人向银行承认付款的结算方式。使用托收结算方式的收款单位和付款单位，必须是国有企业、供销合作社以及经营管理较好，并经开户银行审查同意的城乡集体所有制工业企业。

托收承付结算方式每笔的金额起点为10 000元，新华书店系统每笔金额起点为1 000元。

托收承付结算方式承付期分为验单付款和验货付款两种。验单付款的承付期为3日，验货付款的承付期为10日。

8. 信用卡结算

信用卡是商业银行向个人和单位发行的，凭此向特约单位购物、消费和向银行存取现金，且具有消费信用的特制载体卡片。它适用于单位和个人的商品交易和劳务供应的结算。

信用卡按使用对象分为单位卡和个人卡，按信誉等级分为金卡和普通卡等。

信用卡在规定的限额和期限内允许善意透支，金卡透支额最高不得超过限额。

（五）银行存款的核算

为了总括地反映企业银行存款的收支、结存情况，企业应设置"银行存款"账户，借方登记银行存款的增加数，贷方登记银行存款的减少数，期末借方余额表示企业银行存款的结余数额。企业在银行的其他存款，如外埠存款、银行本票存款、汇票存款等。在"其他货币资金"账户核算，不通过本账户核算。

1. 银行存款的总分类核算

银行存款的总分类核算是指由会计人员在银行存款的总分类账上总括地反映、监督银行存款的收支及结存情况。

银行存款的总分类账，应该由出纳人员以外的会计人员根据银行存款收付凭证逐笔登记，或根据汇总记账证登记。

企业将款项存入银行或收到银行存款时，应根据银行存款凭证及有关单据，借记"银行存款"账户，贷记有关账户；企业支出银行存款时，根据银行存款付款凭证及有关单据，借记有关账户，贷记"银行存款账户"。

【例】3月30日，A企业归还到期短期借款本金50 000元。应作如下会计分录：

借：短期借款　　　　　　　　　　　　　　　　　50 000
　　贷：银行存款　　　　　　　　　　　　　　　　50 000

2. 银行存款的明细分类核算

为了全面、系统、连续、详细地反映和监督银行存款的收支动态和结存情况，企业应按开户银行和其他金融机构、存款类型等分别设置"银行存款日记账"进行明细分类核算。银行存款日记账的格式与现金日记账的格式基本相同，一般采用三栏式账页。

银行存款的明细分类核算是通过设置银行存款日记账来进行的，由企业的出纳人员根据审核无误的银行存款的付款凭证、收款凭证和有关的现金付款凭证，按照银行存款的收付业务发生的先后顺序，逐日逐笔地在"银行

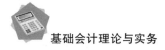

存款日记账"上进行登记，每日终了应结算银行存款的收入合计、支出合计和结余数额，定期与银行转来的对账单相核对。

（六）银行存款的清查

为了及时、详细地反映各种银行存款的收入、支出和结存情况，应按照存款的开户行和种类分别设置"现金银行存款日记账"，进行银行存款的序时核算。月份终了，"银行存款日记账"的余额必须与银行存款总分类账的余额互相核对，做到账账相符。"银行存款日记账"应定期与银行开出的银行存款对账单相互核对。

二者余额不等，首先应查验有无未达账项。未达账项是指企业与银行之间，由于凭证（单据）传递上的时间差，一方登记入账，另一方尚未入账的款项。

未达账项有四种情况：

（1）企业已经收款入账，而银行尚未收款入账的款项。

（2）企业已经付款入账，而银行尚未付款入账的账项。

（3）银行已经收款入账，而企业尚未收到收款通知未入账。

（4）银行已经付款入账，而企业尚未收到付款通知未入账。

企业在检查存在未达账项的情况下，应根据未达账项的情况编制银行存款余额调节表，用以调节企业与银行的账面数。银行存款余额调节表的格式如表2-2-1所示：

表2-2-1 银行存款余额调节表

户名：　　　　　账号：　　　　　年　月　日　　　单位：元

项　　目	金　额	项　　目	金　额
银行存款日记账余额		银行对账单余额	
加：银行已收企业未收款		加：企业已收银行未收款	
减：银行已付企业未付款		减：企业已付银行未付款	
调节后存款额		调节后存款余额	

其编制时的计算公式为：

银行存款日记账调节后的余额＝企业银行存款日记账金额＋银行已经收款入账而企业尚未收款的数额－银行已经付款入账而企业尚未付款的数额

银行对账单调节后的余额＝银行对账单余额＋企业已收银行未收款的数额－企业已付银行未付款的数额

如果调节后双方余额相等，则说明银行存款日记账余额与银行对账单余额不等是因未达账项所致；如果调节后的余额仍然不等，则应进一步检查双方有无记错账的情况。

【例】2009年3月31日，A企业银行存款日记账账面余额为57 000元，开户银行转来的银行对账单余额为59 000元，经逐笔核对，发现有以下未达账项：

（1）企业送存银行转账支票一张，金额20 000元，银行尚未入账。

（2）企业托收销售款19 000元，银行已收妥入账，企业尚未收到银行收款通知未入账。

（3）银行代付电费5 000元已入账，企业尚未收到付款通知未入账。

（4）企业开出转账支票一张，金额8 000元，用于支付广告宣传费，银行尚未收到转账通知未入账。

根据上述未达账项，编制企业银行存款余额调节表如表2-2-2所示：

通过编制银行存款余额调节表，双方余额相等，说明企业与银行账余额不等是由于未达账项引起的。

表2-2-2　银行存款余额调节表

户名：A企业　　账号：×××　　2009年3月31日　　单位：元

项　　目	金　　额	项　　目	金　　额
银行存款日记账余额	57 000	银行对账单余额	59 000
加：银行已收企业未收款	19 000	加：企业已收银行未收款	20 000
减：银行已付企业未付款	5 000	减：企业已付银行未付款	8 000
调节后存款余额	71 000	调节后存款余额	71 000

注意："银行存款余额调节表"调节平衡的余额不能作为登记账簿的依据，仅作检查双方记账的准确性和掌握企业银行存款的实际余额，因此不能以"银行存款余额调节表"作为记账依据，要等结算凭证收到以后，再进行账务处理，变动账面金额。

三、评价反馈

某企业3月业务如下：

（1）3月12日，企业开出现金支票一张，从银行提取现金3 600元，企业用现金支付企业水电费400元；张明去北京采购材料，不方便携带现款，故委托当地银行汇款5 850元到北京开立采购专户，并从财务预借差旅费 2 000 元,财务以现金支付。

(2) 3月18日,张明返回企业,交回采购有关的供应单位发票账单,共支付材料款项 5 850 元,其中材料价款 5 000 元,增值税 850 元。张明报销差旅费 2 200 元,财务以现金补付余款。

(3) 3月21日,企业收到上海公司上月所欠货款 47 000 元的银行转账支票一张。企业将支票和填制的进账单送交开户银行。

(4) 3月25日,采购员持银行汇票一张前往深圳采购材料,汇票价款 8 000 元,购买材料时实际支付材料价款 6 000 元,增值税 1 020 元。

(5) 3月26日,张明返回企业时,银行已将多余款项退回企业开户银行。

(6) 3月30日,企业对现金进行清查,发现现金短缺 600 元。

(7) 3月30日,发现短缺的现金是由于出纳员小华的工作失职造成的,应由其负责赔偿,金额为 300 元;另外 300 元没办法查清楚,经批准转作管理费用。

月底,企业开始与银行进行对账,银行对账单上的存款余额为 31 170 元,经核对,发现有以下未达账项:

(1) 3月29日,企业委托银行代收款项 2 000 元,银行已收入账,企业尚未收到入账通知。

(2) 3月30日,银行代企业支付租金 630 元,尚未通知企业。

(3) 3月30日,企业收到深圳公司代收手续费 1 200 元。

要求:编制相关分录,并编制"银行余额调节表"核对双方记账有无错误。

任务三　出纳账簿的设置与登记

学习目标与要求:

使学生根据企业的需要选择合适的现金日记账,能熟练根据现金日记账的记账规则进行账簿登账。

学习重点:

(1) 填写账簿启用表。

(2) 出纳日记账的登记规则。

学习难点：
出纳日记账的登记规则。

一、学习准备

前面任务中我们已经学习了出纳岗位货币资金往来业务的处理。在实际业务发生时，按照什么规则进行现金日记账账簿登记呢？

二、计划与实施

（一）现金日记账的基本内容

现金日记账是由出纳人员根据现金收款凭证与现金付款凭证，按时间先后顺序，逐日、逐笔登记的账簿。通过登记现金日记账，可以逐日反映现金收入、付出和结存情况。

在只适用人民币现金的单位，一般设置一本现金日记账即可。而对于除了人民币外还存在多种外币现金的单位，一般按现金的种类设置现金日记账，以分别反映不同的现金收付和结存情况。

现金日记账最常用的格式为三栏式，即借方、贷方和余额三个基本金额栏目。如表2-2-3所示。现金日记账一般采用订本式账簿。其登记依据是审核后的现金收款凭证和现金付款凭证。

表2-2-3 现金日记账

年		凭证号数	对方科目	摘要	借方	贷方	借/贷	余额	√
月	日								

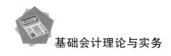

1. 日期栏

日期栏是指记账凭证的日期，应与实际收付现金的日期一致。

2. 凭证号数栏

凭证号数栏是指登记入账的收、付款凭证的种类和编号，如"现金收（付）款凭证"简写为"现收或现付"，"银行存款付款凭证"简写为"银付"。如果凭证采用通用的记账凭证格式，则可以写"记"。凭证栏还应登记凭证的编号数，以便查对。

3. 对方科目

对方科目应写明与库存现金相对应的科目，以便了解业务的来龙去脉。

4. 摘要栏

简要说明经济业务的基本内容。

5. 借方（收入）、贷方（支出）栏

借方（收入）、贷方（支出）栏是指现金实际收付的金额。每日登账完后，应分别结算库存现金收入和支出合计数，并结出余额，同时与保管的库存现金进行核对，即通常所说的"日清"。如账实不符，应立即查明原因，并记录备案。月终结算库存现金收入、支出的合计数和余额，即通常所说的"月结"。

6. 借或贷栏

借或贷栏也叫余额识别栏，即结出余额后要标明此余额的方向。不过库存现金不应该出现贷方余额。

（二）选择合适的日记账

不论是企业、事业单位还是社会团体，其各自经济性质、规模大小、经营管理的要求不同，需要设置的出纳日记账的种类、格式也就不同。出纳日记账的各类、格式如表2-2-4所示：

表2-2-4 出纳日记账的种类、格式

企业特点	核算形式	可设置的账簿体系
小规模企业（小规模纳税人）	记账凭证核算形式	现金、银行存款日记账，固定资产、材料、费用等明细账，总账
	日记总账核算形式	现金、银行存款日记账，日记总账，固定资产、材料明细账等
	科目汇总表核算形式、汇总记账凭证核算形式	序时账同上，固定资产、应收（付）账款，其他应收（付）账款，生产成本、费用等明细账，总账

续上表

企业特点	核算形式	可设置的账簿体系
收、付款业务多的企业	多栏式日记账核算形式	多栏式日记账,明细分类账同上,总账

(三) 填写账簿启用表

出纳员启用现金日记账,应按照规定的内容逐项填写账簿启用交接表和账户目录。账簿启用交接表如表2-2-5所示。

表 2-2-5 账簿启用交接表

机构名称								印鉴	
账簿名称						(第 册)			
账簿编号	第 号至第 号 共计 页								
启用日期	公元 年 月 日								

经管人员	负责人		主办会计		复核		记账	
	姓名	盖章	姓名	盖章	姓名	盖章	姓名	盖章

接交记录	经管人员		接管				交出		
	职别	姓名	年	月	日	盖章	年	月	日	盖章

目 录

账号	账户	页码	账号	账户	页码	账号	账户	页码

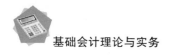

（四）出纳日记账的登记规则

（1）根据审核无误后的会计凭证登账，同时要在会计凭证上注明账簿页数或打"√"符号，表示已经登记入账。

（2）必须用蓝墨笔或碳素墨水书写，不得用圆珠笔和铅笔书写。红色墨水只能在结账、划线、改错、冲账时使用。

（3）各种账簿都必须按编定的页次逐页、逐行顺序连续登记，不得隔页、跳行登记。如不慎发生跳行、隔页时，应在空页或空行中间划线加以注销，或注明"此行空白""此页空白"字样，并由记账人员签章，以示负责。

（4）记账过程中，若账簿记录发生错误，应根据错误的具体内容，采用正确的方法予以更正，不得涂改、挖补、刮擦或用褪色药水更改字迹。

（5）账簿中书写的文字和数据适当留空，不得写满格或越格、错位。书写文字应紧靠本行左线和底线，字体大小一般占格子的1/2或2/3，以便出差错时可以按规定方法改错。

实 训 一

请根据以下业务，编制会计分录，并按照现金日记账（表2-2-6）账簿登记规则进行登账。

白云公司2007年6月1日现金日记账余额为3 500元，6月发生下列现金收付业务：

（1）6月4日，厂部采购员李明出差预借差旅费1 500元，以现金支付。

（2）6月10日，从银行提取现金45 000元。

（3）6月10日，以现金支付职工工资45 000元，备发工资。

（4）6月12日，以现金支付厂部办公用品费180元。

（5）6月25日，李明出差回来，退回现金200元（其余款项尚未报销）。

（6）6月28日，销售产品收到现金351元，售价300元，增值税51元。

表 2-2-6 现金日记账

2007年		凭证号数	对方科目	摘要	借方	贷方	借/贷	余额
月	日							

实 训 二

请根据以下业务，编制会计分录，并按照现金日记账（表 2-2-7）账簿登记规则进行登账。

大明公司 2007 年 12 月 31 日有关现金收付业务如下：

（1）开出现金支票，提取现金 42 000 元。凭证为银付字 124 号。

（2）零售 A 产品 10 件，单价 100 元，增值税 170 元，收到现金，凭证为现收字 093 号。

（3）收到某单位租用设备租金 400 元，凭证为现收字 094 号。
（4）发放工资 42 000 元，凭证为现付字 104 号。
（5）销售科领用备用金 400 元，凭证为现付字 105 号。
（6）出纳员李娜赔前一天短款 40 元，凭证为现收字 095 号。
（7）收到某商品包装物押金 600 元，凭证为现收字 096 号。
（8）收到职工姚红还回的借款 400 元，凭证为现收字 097 号。
（9）总务科李刚报销差旅费 300 元，凭证为现付字 106 号。
（10）向银行送存现金业务收入 4 510 元，凭证为现付字 107 号。

表 2-2-7　现金日记账

2007 年		凭证号数	对方科目	摘要	借方	贷方	借/贷	余额
月	日							

三、评价反馈

八一工厂 2010 年 7 月 31 日银行存款日记账余额为 300 000 元,现金日记账余额为 3 000 元。8 月上旬发生下列银行存款和现金收付业务:

(1) 1 日,投资者投入现金 25 000 元,存入银行(银收 801 号)。
(2) 1 日,以银行存款 10 000 元归还短期借款(银付 801 号)。
(3) 2 日,以银行存款 20 000 元偿付应付账款(银付 802 号)。
(4) 2 日,以现金 1 000 元存入银行(现付 801 号)。
(5) 3 日,用现金暂付职工差旅费 800 元(现付 802 号)。
(6) 3 日,从银行提取现金 2 000 元备用(银付 803 号)。
(7) 4 日,收到应收账款 50 000 元,存入银行(银收 802 号)。
(8) 5 日,以银行存款 40 000 元支付购买材料款(银付 804 号)。
(9) 5 日,以银行存款 10 000 元支付否如材料运费(银付 805 号)。
(10) 6 日,从银行提取现金 18 000 元,准备发放工资(银付 806 号)。
(11) 6 日,用现金 18 000 元发放职工工资(现付 803 号)。
(12) 7 日,以银行存款支付本月电费 1 800 元(银付 807 号)。
(13) 8 日,销售产品一批,收到货款 51 750 元,存入银行(银收 803 号)。
(14) 9 日,用银行存款支付销售费用 410 元(银付 808 号)。
(15) 10 日,用银行存款上交营业税金 3 500 元(银付 809 号)。

要求:登记银行存款日记账和现金日记账,并结出 10 日的累计余额。

项目三 初级会计岗位的核算

任务一 筹资业务的核算

学习目的与要求：

本节通过对工业企业中资金筹集业务的核算，较详细地阐述在资金筹集业务中账户和借贷记账法的应用。学习本小节要求理解企业资金筹集业务活动的内容，账户设置（账户的性质、用途和结构）和主要业务的账户对应关系。通过本小节的学习，要能进一步掌握在资金筹集过程中账户和借贷记账法的具体应用。

学习重点：

筹集资金业务账户的设置、结构以及相关会计分录的应用。

学习难点：

借贷记账法的具体应用。

一、学习准备

（1）回顾什么是制造业。
（2）搜集三一重工、中联重科、远大空调、四川长虹、宝钢股份筹集资金的资料。

二、计划与实施

工业企业资金筹集的方式主要有负债筹资和股权筹资两种。前者通过企业向金融机构贷款或向社会公众发行债券实现，构成企业的负债；后者可以通过直接吸收投入资本（非股份公司）或发行股票筹资（股份公司）实现，构成企业的所有者权益。筹资活动核算的主要内容包括债务资金筹集核算和投入资金筹集核算。

（一）核算接受投资业务

【例1】甲企业收到国家投入企业的货币资金600 000元，款项已经存入银行。

【解析】

该项经济业务的发生，引起了企业资产要素和所有者权益要素同时发生变化。一方面，企业的银行存款增加600 000元，应记入"银行存款"账户的借方；另一方面，企业的资本增加600 000元，应记入"实收资本"账户的贷方。其会计分录如下：

借：银行存款　　　　　　　　　　　　　　　　　　　600 000
　　贷：实收资本　　　　　　　　　　　　　　　　　　600 000

【知识链接1】

"银行存款"账户

"银行存款"账户属于资产类账户，用以核算和监督企业存放在银行和其他金融机构的、可以随时支取的货币资金。按照我国有关货币资金管理的规定，企业日常经营活动中所发生的各项经济往来，除现金收支范围内的可以用现金收付外，其余结算款项都通过银行办理转账结算。目前转账结算的方式主要有支票、银行本票、商业汇票、委托收款、汇兑、托收承付等几种。

企业向银行存入的款项，记入"银行存款"账户的借方；以银行存款支付的款项，记入"银行存款"账户的贷方；余额在借方，表示银行存款的结存数额。如图3-1-1所示：

借方	银行存款	贷方
将货币资金存入银行		银行存款的支取
期末余额：存款的结存额		

图3-1-1　"银行存款"账户记账

【例2】甲企业收到L公司投入生产用全新设备一台，经相关方确认，该设备价值200 000元。

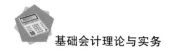

【解析】

该项经济业务的发生,引起了企业资产要素和所有者权益要素同时发生变化。一方面,企业的固定资产增加,应记入"固定资产"账户的借方;另一方面,企业资本增加,应记入"实收资本"账户的贷方。其会计分录如下:

借:固定资产　　　　　　　　　　　　　　　　　　　　200 000
　　贷:实收资本——L公司　　　　　　　　　　　　　　200 000

【知识链接2】

"实收资本"账户或"股本"账户

"实收资本"账户(股份制企业使用"股本"账户)属于所有者权益类账户,用以核算和监督企业实际收到投资者投入的资本,即企业在工商行政管理部门登记的注册资本金。我国法律规定,设立企业必须拥有一定数额的资本金,投资者投入企业的资本金应当保全,除法律、法规另有规定外,投资者不得抽回。企业在生产经营过程中所取得的收入、发生的支出,以及财产物资的盘亏盘盈,不得直接增减实收资本。

企业的资本金有多种形式,按投资主体的不同,可以分为国家资本金、法人资本金、个人资本金和外商资本金;按投入资本的物质形态不同,可以分为货币投资、实物投资和无形资产投资等。

《企业会计准则》规定,投资者以现金投入的资本,应当以实际收到或者存入企业开户银行的金额作为实收资本入账。实际收到或者存入企业开户银行的金额超过其在该企业注册资本中所占份额的部分,计入资本公积;投资者以非现金投资投入的资本,应按投资各方确认的价值作为实收资本入账。为首次发行股票而接受投资者投入的无形资产,应按该项无形资产在投资方的账面价值入账。投资者投入的外币,合同没有约定汇率的,按收到出资额当日的汇率折合;合同约定汇率的,按合同约定的汇率折合,因汇率不同产生的折合差额作为资本公积处理。

"实收资本"账户的贷方登记实际收到的投资人作为资本投入的货币资金、实物及无形资产等;投资人收回资本时,记入该账户的借方;余额一般在贷方,表示投资人投入企业的资本总额。如图3-1-2所示。"实收资本"账户应按投资人、投资单位设置明细分类账,进行明细分类核算。除资本公积、盈余公积转作资本外,"实收资本"账户数额一般不能随意变动。

借方	实收资本	贷方
投入资本的减少		收到投资者投入的资本
		期末余额：资本实有额

图3-1-2 "实收资本"记账

【知识链接3】

"固定资产"账户

"固定资产"账户属于资产类账户，用来核算企业的使用期在1年以上且与生产经营有关的房屋、建筑物、机器设备、运输工具等以及单位价值在2 000元以上并且使用期限在2年以上的非主要生产经营设备的物品价值。企业取得各种固定资产时，应按取得时的成本（包括买价、增值税进项税、进口关税、运输和保险等相关费用以及为使固定资产达到预定可使用状态前所发生的必要支出）入账，将其原始价值记入"固定资产"账户的借方；企业固定资产因对外投资、出售等原因而减少时，按其原始价值记入"固定资产"账户的贷方；期末余额在借方，反映企业固定资产的账面原始价值。该账户按固定资产的类别设置明细账户，进行明细分类核算。如图3-1-3所示：

借方	固定资产	贷方
新增固定资产的价值		减少的固定资产价值
期末余额：企业固定资产价值之和		

图3-1-3 "固定资产"账户记账

【例3】甲企业收到K公司作为资本投入的专利权一项，确认价值为50 000元。

【解析】

该项经济业务的发生，引起了企业资产要素和所有者权益要素同时发生变化。一方面，企业的无形资产增加，应记入"无形资产"账户的借方；另一方面，企业资本增加，应记入"实收资本"账户的贷方。其会计分录如下：

借：无形资产——专利权　　　　　　　　　　　50 000
　　贷：实收资本——K公司　　　　　　　　　　50 000

【知识链接4】

"无形资产"账户

"无形资产"账户属于资产类账户,用来核算企业持有的无形资产成本,包括专利权、非专利技术(专有技术)、商标权、著作权、土地使用权等。无形资产账户借方登记外购无形资产的成本或自制无形资产的研发开支,贷方登记无形资产处置时减少的部分。期末余额在借方,反映企业无形资产的账面原始价值。该账户按无形资产的类别设置明细账户,进行分类核算。

【例4】某企业委托某证券公司发行普通股300万股,每股面值5元,发行价格每股8元,发行股款已全部收到并存入银行。

【解析】该项经济业务的发生,引起了企业资产要素和所有者权益要素同时发生变化。一方面,企业的银行存款增加,应记入"银行存款"账户的借方;另一方面,企业资本增加,应记入"资本公积"账户的贷方。其会计分录如下:

溢价额 = 3 000 000 × 3 = 9 000 000(元)

借:银行存款　　　　　　　　　　　　　　　24 000 000
　　贷:股本　　　　　　　　　　　　　　　　15 000 000
　　　　资本公积——股本溢价　　　　　　　　9 000 000

【知识链接5】

"资本公积"账户

"资本公积"是企业收到投资者的超出其在企业注册资本(或股本)中所占份额的投资,即资本溢价(或股本溢价)以及直接计入"所有者权益"的利得和损失。"资本公积"的来源主要是企业收到投资者的超过其在企业法定资本中所占份额的投资,直接计入"资本公积"的利得和损失等。目的是反映和监督"资本公积"的增减变动及其结余情况。如图3-1-4所示:

借方	资本公积	贷方
资本公积减少的数额	资本公积增加的数额	
	期末余额:资本公积的结余数额	

图3-1-4　"资本公积"账户记账

（二）核算借入资金业务

【例5】甲企业向银行借入一笔款项，金额300 000元，期限3个月，年利率10%，所得款项已存入银行。

【解析】该项经济业务的发生，引起了企业资产要素和负债要素同时发生变化。一方面，企业银行存款增加，应记入"银行存款"账户的借方；另一方面，企业短期负债增加，应记入"短期借款"账户的贷方。其会计分录如下：

借：银行存款　　　　　　　　　　　　　　　　　　　300 000
　　贷：短期借款　　　　　　　　　　　　　　　　　　300 000

【知识链接6】

"短期借款"账户

"短期借款"账户属于负债类账户，用来核算企业向银行等金融机构借入的期限在1年以内（含1年）的各种借款。该账户的贷方登记借入的各种借款，借方登记归还的各种借款，余额在贷方表示尚未归还的各种借款。该账户按债权人和借款种类设置明细分类账，进行明细分类核算。如图3-1-5所示：

短期借款（负债类账户）

借方（−）	贷方（+）
发生额：归还的借款本金	期初余额：期初尚未归还的借款本金 发生额：取得的借款本金数
	期末余额：期末尚未归还的借款本金数

图3-1-5　"短期借款（负债类账户）"记账

【例6】甲企业计提本月短期借款利息2 500元（300 000×10%/12）。

【解析】该项经济业务的发生，引起企业费用要素和负债要素同时发生变化。一方面，企业本月提取的利息费用增加，应记入"财务费用"账户的借方；另一方面，企业应付利息增加，应记入"应付利息"账户的贷方。其会计分录如下：

借：财务费用　　　　　　　　　　　　　　　　　　　2 500
　　贷：应付利息　　　　　　　　　　　　　　　　　　2 500

【知识链接7】

"财务费用"账户

"财务费用"账户属于损益类账户，用来核算企业为筹集经营所需资金而发生的费用，包括利息支出（减利息收入）、汇兑损失（减汇兑收益）以及相关的手续费等。该账户的借方登记企业发生的各项财务费用，贷方登记期末结转到"本年利润"账户的本期财务费用，期末结转后本账户应无余额。该账户按照费用项目设置明细分类账，进行明细分类核算。

企业取得的借款应按期支付利息。在我国，企业从银行等金融机构取得的借款利息一般采用按季结算的方法。借款利息支出较大的企业一般采用按月预提的方式计入各月费用，于结息日一次性支付。而利息支出较小的企业，则于结息日按实付利息一次性计入当月费用。企业发生的短期借款利息支出应当计入当期财务费用。

【知识链接8】

"应付利息"账户

"应付利息"账户属于负债类账户，用来核算企业按照合同约定应支付的利息，包括吸收存款、分期付息到期还本的长期借款、企业债券等应支付的利息。该账户的贷方登记企业按合同利率计算确定的应付而未付的利息，借方登记实际支付的利息，月末余额在贷方表示企业应付而未付的利息。该账户可按照存款人或债权人设置明细分类账，进行明细分类核算。

【例7】 甲企业向银行借入款项5 000 000元，期限2年，所得款项已经存入银行。

【解析】 该项经济业务的发生，引起了企业资产要素和负债要素同时发生变化。一方面，企业借入款项已存入银行，使银行存款增加，应记入"银行存款"账户的借方；另一方面，企业长期负债增加，应记入"长期借款"账户的贷方。其会计分录如下：

借：银行存款　　　　　　　　　　　　　　　5 000 000
　　贷：长期借款　　　　　　　　　　　　　　5 000 000

【知识链接9】

"长期借款"账户

"长期借款"账户属于负债类账户，用来核算企业向银行等金融机构借入的期限在一年以上（不含一年）的各种借款。该账户的贷方登记借入的各种借款，借方登记归还的各种借款，余额在贷方表示尚未归还的各种借款。该账户按债权人和借款种类设置明细分类账，进行明细分类核算。如图3-1-6所示：

项目三 初级会计岗位的核算

长期借款（负债类账户）

借方（一）	贷方（+）
发生额：归还的长期借款本金及利息数	期初余额：期初尚未归还的长期借款 发生额：长期借款的本金和利息增加额
	期末余额：期末尚未归还的长期借款

图3-1-6 "长期借款"账户记账

三、评价反馈

【实操安排】

（一）小组工作准备

按小组进行任务安排，学生制订学习计划，确定完成任务的方案。如表3-1-1、表3-1-2所示。

表3-1-1 小组名单

班级：

组　名	组　长	组　员				

表3-1-2 任务安排

项目名称：资金筹集业务的核算		
项目任务分解	负责人	完成标准
工作步骤的描述		描述准确
原始凭证的填制和审核		填制正确、审核无误
账户的设置、会计分录的编制		设置正确、编制正确
记账凭证的填制和审核		填制正确、审核无误
试算平衡表的编制		编制正确
账簿的登记		登记正确
实操结果的收集、汇报和优化		资料齐全、汇报准确、优化及时

（二）资料发放

某企业某年某月发生以下经济业务：

（1）企业收到国家的投资1 000 000元，存入银行。

（2）企业收到A公司向本企业投资的全新设备1台，价值200 000元，交付使用。

（3）企业与香港Z公司合资经营，收到该公司向企业投入的设备3台，确认价值计150 000元。

（4）企业收到甲公司投资投入的材料一批，实际成本38 000元。

（5）企业收到Q公司作为投资的非专利技术一项，经评估确认价值为60 000元。

（6）企业从工商银行借入为期3个月的短期借款100 000元，已存入银行。

（7）因扩建厂房，企业与开发银行达成协议借入为期2年的长期借款500 000元，已存入银行。

（8）企业以银行存款支付银行办理短期借款业务的手续费150元。

（9）企业预提短期借款利息900元。

（10）企业用银行存款支付采取预提方式提取的短期借款利息900元。

（11）企业接银行通知，借入长期借款的应付利息为15 000元。

（12）企业用银行存款归还上述所有短期借款、长期借款本金及利息。

（13）企业接受某投资者投入110 000元，该投资者享有的企业资本的份额为100 000元。

（14）经投资者决议，工商部门批准，将资本公积 200 000 元转增资本。

（三）实操要求

根据经济业务，正确编制会计分录，填制记账凭证，登记"实收资本""资本公积""短期借款"和"长期借款"账簿。

（四）实操参考答案

1. 编制会计分录

(1) 借：银行存款　　　　　　　　　　　　　1 000 000
　　　贷：实收资本——国家资本　　　　　　1 000 000
(2) 借：固定资产　　　　　　　　　　　　　　200 000
　　　贷：实收资本——A 公司资本　　　　　　200 000
(3) 借：固定资产　　　　　　　　　　　　　　150 000
　　　贷：实收资本——香港 Z 公司资本　　　　150 000
(4) 借：原材料　　　　　　　　　　　　　　　 38 000
　　　贷：实收资本——甲公司　　　　　　　　 38 000
(5) 借：无形资产　　　　　　　　　　　　　　 60 000
　　　贷：实收资本——Q 公司资本　　　　　　 60 000
(6) 借：银行存款　　　　　　　　　　　　　　100 000
　　　贷：短期借款——工商银行　　　　　　　100 000
(7) 借：银行存款　　　　　　　　　　　　　　500 000
　　　贷：长期借款——开发银行　　　　　　　500 000
(8) 借：财务费用——借款利息　　　　　　　　　　150
　　　贷：银行存款　　　　　　　　　　　　　　　150
(9) 借：财务费用——借款利息　　　　　　　　　　900
　　　贷：应付利息　　　　　　　　　　　　　　　900
(10) 借：应付利息　　　　　　　　　　　　　　　 900
　　　贷：银行存款　　　　　　　　　　　　　　　900
(11) 借：在建工程——应计利息　　　　　　　　15 000
　　　贷：长期借款——借款利息　　　　　　　 15 000
(12) 借：短期借款——工商银行　　　　　　　 100 000
　　　　长期借款——开发银行　　　　　　　 115 000
　　　　应付债券——债券面值　　　　　　　1 000 000
　　　贷：银行存款　　　　　　　　　　　　1 215 00
(13) 借：银行存款　　　　　　　　　　　　　110 000
　　　贷：实收资本——某投资者　　　　　　 100 000

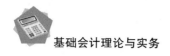

	资本公积	10 000
(14)	借：资本公积	200 000
	贷：实收资本	200 000

2. **填制记账凭证（略）**
3. **登记账簿**

登记相关总分类账和明细分类账。

任务二　采购业务的核算

学习目的与要求：

本节通过对工业企业中采购业务的核算，详细阐述在采购业务中账户和借贷记账法的应用。学习本小节，要求学生理解工业企业采购业务的具体内容，账户设置和主要业务的账户对应关系。通过本小节的学习，加强学生对企业经济业务的感性认识，培养学生职业判断能力，增强诚信意识。

学习重点：

采购业务账户的设置和结构以及相关会计分录的应用。

学习难点：

借贷记账法的具体应用。

一、学习准备

（1）回顾借贷记账法的记账规则。
（2）根据实际生活经验，分析材料的采购成本有哪些。

二、计划与实施

企业筹集到一定的资金以后，接下来进入生产准备阶段。在这个阶段中，企业以货币资金购买各种材料物资，形成材料储备；购买机器设备，购建房屋建筑物，形成生产的硬件条件。在材料的采购过程中，企业一方面要根据采购计划和合同的规定，及时进行采购费用的结算；另一方面，还要节约采购费用，降低采购成本，提高采购资金的使用效果，因此还必须计算材料的采购成本。在固定资产的购买和建造过程中，企业要正确计算固定资产的原始价值，为今后计提累计折旧做好准备。

（一）核算采购材料业务

构成材料物资采购成本的项目有：

（1）买价（供应单位发票价格）。
（2）运杂费（包括运输、装卸、保险、包装、仓储等费用）。
（3）运输途中合理损耗。
（4）入库前的挑选整理费（包括挑选过程中的工资、损耗、下脚废料的价值等）。
（5）购入物资应负担的税金及其他费用。

企业应将采购材料物资过程中所发生的买价和采购费用，按一定种类的材料物资进价归集和分配，确定该材料物资的实际成本。凡是能直接计入各种物资的直接费用，应直接计入各种物资的采购成本；不能直接计入各种物资的间接费用，应先按一定标准在有关物资之间进行分配，再分别计入各种物资的采购成本。间接费用的分配一般按照采购物资重量或买价的比例作标准分配计算。

【例8】甲企业购入A材料4 000千克，单价78元/千克，共计买价312 000元，运杂费8 000元，增值税53 040元，货款、运杂费已用银行存款支付。

【解析】该项经济业务的发生，引起了企业的资产要素和负债要素同时发生增减变化。一方面，企业的实际采购成本增加，应记入"在途物资"账户的借方，同时应缴的增值税进项税增加，应记入"应交税费——应交增值税（进项税额）"账户的借方；另一方面，由于甲企业以银行存款支付货款、运杂费，导致银行存款减少，应记入"银行存款"账户的贷方。其会计分录如下：

借：在途物资——A材料　　　　　　　　　　　320 000
　　应交税费——应交增值税（进项税额）　　　　53 040
　　贷：银行存款　　　　　　　　　　　　　　　373 040

【知识链接10】

"在途物资"账户

"在途物资"账户属于资产类账户，用来核算企业购入材料的采购成本。企业外购材料的采购成本由买价和采购费用组成。该账户的借方登记购入材料的买价和采购费用；贷方登记已验收入库转入"原材料"账户借方的材料采购成本;月末一般无余额,若有借方余额表示企业购入但尚未验收入库的在途材料的实际成本。"在途物资"账户应按照材料的品种、规格设置明细分类账,进行明细分类核算。

【知识链接11】

"应交税费"账户

"应交税费"账户属于负债类账户,用来核算企业按照税法等规定应交纳的各种税费,包括增值税、消费税、营业税、资源税、城市维护建设税、土地增值税、房产税、土地使用税、车船使用税、固定资产投资方向调节税、个人所得税和企业所得税等。该账户借方登记企业实际已经交纳的各种税费,贷方登记企业应交纳的各种税费,期末余额在借方表示企业预交的税金或尚未抵扣的税金等,余额在贷方表示应交而未交的各种税费。如图3-2-1所示。"应交税费"账户应按照各种税种设置明细分类账户,进行明细分类核算。

按照2008年11月5日国务院第34次常务会议修订通过的《中华人民共和国增值税暂行条例》规定,凡在中华人民共和国境内销售货物或者提供加工、修理修配劳务以及进口货物的单位和个人,为增值税的纳税人,应当依照本条例交纳增值税。一般纳税人增值税税率分为17%、13%两档,小规模纳税人征收率为3%,小规模纳税人实行按照销售额和征收率计算应纳税额的简易方法,并不得抵扣进项税额。企业应在"应交税费"账户下设置"应交增值税"明细账户。"应交税费—应交增值税"账户的借方反映企业购进货物或接受应税劳务支付的进项税额和实际已经支付的增值税;贷方反映销售货物或提供应税劳务而应交纳的增值税额、出口货物退税、转出已支付或分担的增值税;纳税人从销项税额中抵扣进项税额后向税务机关缴纳增值税,期末余额在借方表示企业预交的税金或尚未抵扣的增值税金,余额在贷方表示应交而未交的增值税金。企业应在应交增值税明细账内设置"进项税额""销项税额""已交税金"等专栏,并按规定进行核算。

借方	应交税费	贷方
已缴纳的各种税金		期初余额:应缴纳的各种税金
		期末余额:应交而未交的各种税金

图3-2-1 "应交税费"记账

【例9】甲企业从S公司购入B材料10 000千克，单价70元/千克，货款共计700 000元，增值税税率17%，运杂费6 000元，货款、税金、运杂费尚未支付。

【解析】该项经济业务的发生，引起了企业的资产要素和负债要素同时发生增减变化。一方面，企业的实际采购成本增加，应记入"在途物资"账户的借方，同时应交的增值税进项税额增加，应记入"应交税费——应交增值税（进项税额）"账户的借方；另一方面，由于甲企业尚未支付货款、税金、运杂费，形成企业对供应单位的负债，应记入"应付账款"账户的贷方。其会计分录如下：

借：在途物资——B材料　　　　　　　　　　706 000
　　应交税费——应交增值税（进项税额）　　119 000
　　贷：应付账款——S公司　　　　　　　　　　825 000

【知识链接12】

"应付账款"账户

"应付账款"账户属于负债类账户，用来核算企业因采购材料、商品和接受劳务供应而应付供应单位的款项。该账户的贷方登记企业应付而未付款项的数额，借方登记实际归还款项的数额，贷方余额表示尚欠供应单位的款项数额。如图3-2-2所示。"应付账款"账户应按供应单位设置明细分类账，具体反映应付各单位款项的增减变动情况及其结果。

借方	应付账款	贷方
偿还的应付账款	期初余额：应付供应单位的购货款	
	期末余额：应付而未付的款项	

图3-2-2　"应付账款"账户记账

【例10】例8、例9中甲企业购入的两种材料到货，用现金支付1 400元装卸费。

【解析】税法规定：一般纳税人购进或者销售货物以及在生产经营过程中支付运输费用的，应按照运输费用结算单据（普通发票）上注明的运输费用金额的7%为扣除率计算抵扣进项税额，有关计算公式为：进项税额 = 运输费用和建设基金金额 × 扣除率，但随同运费支付的装卸费、保险费等其他杂费不得计算扣除进项税额。本例中的装卸费按税法规定，不可扣除进项税额，因此每种材料的买价与分摊计入的装卸费共同构成该种材料的实际采购成本。这项经济业务使企业资产要素内部发生增减变化。一方面，企业材料的采购成本增加，应记入"在途物资"账户的借方；另一方面，由于装卸费以现金支付，导致企业现金的减少，应记入"库存现金"账户的贷方。同时对于两种材料共同耗费的装卸费，需要按照一定标准在两种材料之间进行分配，然后分别计入各种材料的采购成本。具体计算分配方法为（按重量分摊）：

每千克材料应分摊的装卸费＝应分摊的费用总额/分配标准之和＝1400/（4000＋10000）＝0.10（元/千克）

A 材料应分担的装卸费＝0.10×4000＝400（元）

B 材料应分担的装卸费＝0.10×10000＝1 000（元）

其会计分录如下：

借：在途物资——A 材料　　　　　　　　　　　　400
　　　　　　——B 材料　　　　　　　　　　　　1 000
　　贷：库存现金　　　　　　　　　　　　　　　1 400

【例11】上述两种材料经甲企业验收合格入库。

【解析】材料物资采购成本应包括物资的买价和采购费用两部分，上述两种材料的买价合计为 1 026 000 元，采购费用合计为 1 400 元，实际采购材料总成本为 1 027 400 元。这项经济业务随着材料验收入库，企业的材料储备资金有所增加，应记入"原材料"账户的借方；而另一方面，材料的实际总成本应记入"在途物资"账户的贷方，以反映材料采购的供应过程已经完成。其会计分录如下：

借：原材料——A 材料　　　　　　　　　　　　320 400
　　　　　——B 材料　　　　　　　　　　　　707 000
　　贷：在途物资——A 材料　　　　　　　　　　320 400
　　　　　　　——B 材料　　　　　　　　　　707 000

【知识链接13】

"原材料"账户

"原材料"账户属于资产类账户，用来核算企业库存各种原材料（包括原料及主要材料、辅助材料、外购半成品、修理备用件、包装材料、燃料等）的收入、发出、结存情况。该账户的借方登记已验收入库的各种材料的成本，贷方登记发出、领用等原因而减少的材料的成本，余额在借方表示库存材料的实际成本。如图 3-2-3 所示。"原材料"账户按原料的类别、种类、规格分别设置明细分类账，具体反映每种材料的库存和增减变动情况。

企业材料的日常核算有计划成本和实际成本两种，在计划成本下还应设置"材料成本差异"账户,核算计划成本与实际成本的差异。

借方	原材料	贷方
期初余额:购进或增加材料的实际采购成本		领用或发出材料的实际成本
期末余额:实有库存材料的实际成本		

图3-2-3 "原材料"账户记账

【例12】甲企业购买C材料买价为30 000元,税率17%,签发一张商业汇票,材料已验收入库。

【解析】该项经济业务使企业的资产要素和负债要素同时发生增减变化。一方面,企业的库存材料成本增加,应记入"原材料"账户的借方,同时应交的增值税进项税额增加,应记入"应交税费——应交增值税(进项税额)"账户的借方;另一方面,由于甲企业以商业汇票形式支付货款,形成企业对供应单位的负债,应记入"应付票据"账户的贷方。其会计分录如下:

借:原材料——C材料　　　　　　　　　　　　30 000
　　应交税费——应交增值税(进项税额)　　　 5 100
　贷:应付票据　　　　　　　　　　　　　　　35 100

【知识链接14】

"应付票据"账户

"应付票据"账户属于负债类账户,用来核算企业因采购材料、商品和接受劳务供应而开出或承兑的商业汇票,包括银行承兑汇票和商业承兑汇票。该账户的贷方登记开出或承兑的商业汇票的数额,借方登记支付到期商业承兑汇票或银行承兑汇票票据款及其手续费的数额,贷方余额表示尚未到期的应付票据数额。"应付票据"账户可设置商业承兑汇票、银行承兑汇票两个明细分类账,进行明细分类核算。

企业应当设置"应付票据备查簿",详细登记每一应付票据的种类、号数、签发日期、到期日、票面金额、票面利率、合同交易号、收款人姓名或单位名称,以及付款日期和金额等资料。应付票据到期结清时,应当在备查簿内逐笔注销。

【例13】甲企业以商业汇票去抵付例9欠下S公司的825 000元。

【解析】这项经济业务的发生,一方面,由于抵付欠款,企业的一项负债减少,应记入"应付账款"账户的借方;另一方面,由于票据款还未到

期偿还,导致企业的另一项负债应付票据增加,应记入"应付票据"账户的贷方。其会计分录为:

借:应付账款——S公司　　　　　　　　　　　　825 000
　　贷:应付票据　　　　　　　　　　　　　　　　825 000

【例14】例12的商业汇票到期,甲企业用银行存款偿还欠下的采购款35 100元。

【解析】这项偿还业务使企业的资产要素和负债要素同时发生增减变化。一方面,表明商业汇票到期,引起企业的负债减少,应记入"应付票据"账户的借方;另一方面,引起企业的银行存款减少,应记入"银行存款"账户的贷方。其会计分录如下:

借:应付票据　　　　　　　　　　　　　　　　35 100
　　贷:银行存款　　　　　　　　　　　　　　　　35 100

【例15】甲企业向T公司购买D材料4 000千克,单价100元,按照合同规定向T公司预付40%货款。

【解析】该项经济业务使企业资产要素内部发生增减变化。一方面,企业的预付款增加,应记入"预付账款"账户的借方;另一方面,企业的银行存款减少,应记入"银行存款"账户的贷方。其会计分录如下:

借:预付账款——T公司　　　　　　　　　　　　160 000
　　贷:银行存款　　　　　　　　　　　　　　　　160 000

【知识链接15】

"预付账款"账户

"预付账款"账户属于资产类账户,用来核算企业按照合同或有关协议规定而预先支付给供货单位或劳务提供者的定金或货款。该账户借方登记向供货单位预付的货款和补付的款项;贷方登记收到供货单位提供的材料及有关发票账单时冲销的预付账款和因预付货款多余而退回的款项;期末余额一般在借方,表示已付款而尚未结算的预付货款数。如图3-2-4所示。"预付账款"账户应按供货单位名称设置明细分类账户,具体反映预付各单位款项的增减变动情况及其结果。

借方	预付账款	贷方
期初余额:预付的购货款		取得物资冲销的预付账款
期末余额:尚未收到物资的预付款		

图3-2-4　"预付账款"账户记账

【例16】 承上例,甲企业收到 T 公司发来的 D 材料,验收合格办理入库,价款 400 000 元,税率 17%,运输费 8 000 元。同时用银行存款 316 000 元补付余款。

【解析】 本例中的运输费用应按其金额的 7% 为扣除率计算抵扣进项税额,即运输费用扣除 8 000×7%=560 的进项税额后剩余的 7 440 元计入材料采购成本。这项经济业务引起了企业的资产要素和负债要素同时发生增减变化。一方面,企业的库存材料成本增加,应记入"原材料"账户的借方,同时应交的增值税进项税额增加,应记入"应交税费——应交增值税(进项税额)"账户的借方;另一方面,甲企业冲销已预付的货款,应记入"预付账款"账户的贷方,同时银行存款补付余款,应记入"银行存款"账户的贷方。其会计分录如下:

借:原材料——D 材料　　　　　　　　　　　　　407 440
　　应交税费——应交增值税(进项税额)　　　　 68 560
　　贷:预付账款——T 公司　　　　　　　　　　476 000
借:预付账款——T 公司　　　　　　　　　　　　316 000
　　贷:银行存款　　　　　　　　　　　　　　　316 000

(二) 核算购买和建造固定资产业务

【例17】 甲企业以银行存款购入一台不需要安装的新设备,设备价款 200 000 元,增值税税率 17%,计 34 000 元,设备已交付使用。

【解析】 根据我国新增值税会计处理规定,企业购入固定资产时,其专用发票上注明的增值税额可抵扣,应记入进项税额。因此,这项经济业务的发生,引起了企业的资产要素和负债要素同时发生增减变化。一方面,企业的固定资产增加,应记入"固定资产"账户的借方,同时应交的增值税进项税额增加,应记入"应交税费——应交增值税(进项税额)"账户的借方;另一方面,企业的银行存款减少,应记入"银行存款"账户的贷方。其会计分录如下:

借:固定资产——机器设备　　　　　　　　　　200 000
　　应交税费——应交增值税(进项税额)　　　　 34 000
　　贷:银行存款　　　　　　　　　　　　　　　234 000

【例18】 甲企业为自行建造一栋厂房,购入建筑材料一批,款项 60 000 元,以银行存款支付。

【解析】 该项经济业务使企业资产要素内部发生增减变化。一方面,企业的工程物资增加,应记入"工程物资"账户的借方;另一方面,企业的银行存款减少,应记入"银行存款"账户的贷方。其会计分录如下:

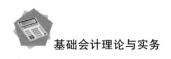

```
借：工程物资                                    60 000
    贷：银行存款                                 60 000
```

【知识链接16】

"工程物资"账户

"工程物资"账户属于资产类账户，用来核算企业为工程准备的材料、尚未交付安装而需要安装的设备以及预付大型设备款。为工程而采购的材料等记入工程物资账户，在领用后再记入在建工程账户。该账户增加方在借方，表示所购买物资的实际成本；减少方在贷方，表示固定资产在建造过程中所领用的工程物资的成本。

【例19】 甲企业厂房建造过程中领用建筑材料60 000元，应支付建筑工人工资3 000元，另以银行存款支付其他费用2 000元。

【解析】 该项经济业务使企业资产要素和负债要素同时发生增减变化。一方面，企业的固定资产建设成本增加，应记入"在建工程"账户的借方。另一方面，领用建筑材料使企业库存工程物资减少，应记入"工程物资"账户的贷方；企业应付工资增加，应记入"应付职工薪酬"账户的贷方；企业银行存款减少，应记入"银行存款"账户的贷方。其会计分录如下：

```
借：在建工程                                    65 000
    贷：工程物资                                 60 000
        应付职工薪酬                              3 000
        银行存款                                  2 000
```

【例20】 甲企业厂房建造完成，交付使用。

【解析】 购入需安装的固定资产或自行建造固定资产，会计处理大致相同。为购建固定资产准备的物资记入工程物资账户，固定资产购建过程中发生的相关支出记入在建工程账户，建造完成以后将为固定资产发生的支出从在建工程账户转入固定资产账户。

```
借：固定资产                                    65 000
    贷：在建工程                                 65 000
```

【知识链接17】

"在建工程"账户

"在建工程"账户属于资产类账户，用来核算企业固定资产在安装、自行建造或改扩建过程中的实际支出。该账户增加方在借方，表示发生的实际支出；减少方在贷方，使固定资产交付使用后由在建工程转入固定资产的价值。

三、评价反馈

资料：大海公司是一家制造业，8月发生如下经济业务：

（1）8月2日，向光华工厂购入甲材料2 000千克，单价100元/千克，价款200 000元，进项税额34 000元。款项以银行存款方式全部付清，材料尚未运到。

（2）8月4日，以银行存款支付上项购入甲材料的运杂费1 200元。

（3）8月9日，收到光华工厂发来的甲材料2 000千克，验收入库，结转材料的实际采购成本。

（4）8月10日，向光华工厂购入乙材料300千克，单价500元/千克，价款150 000元，进项税额25 500元，以现金支付该材料的市内运杂费800元。材料已经验收入库，但货款尚未支付。

（5）8月12日，根据合同规定，为购买丙材料向海城股份有限公司预付货款60 000元，款项已通过银行存款支付。

（6）8月20日，通过银行款转偿还所欠光华工厂货款175 500元。

（7）8月22日，收到8月12日预付款业务发来丙材料一批，并已验收入库。取得的增值税专用发票上注明的材料价款为50 000元，增值税进项税额8 500元，海城股份有限公司为企业代垫运杂费1 000元，合计金额59 500元，冲销原预付款后，多收部分即通过银行转账退回。

根据以上经济业务编制相关的会计分录。

答案：

（1）借：在途物资——甲材料　　　　　　　　　　　200 000
　　　　　应交税费——应交增值税（进项税额）　　 34 000
　　　　贷：银行存款　　　　　　　　　　　　　　 234 000

（2）借：在途物资——甲材料　　　　　　　　　　　　1 200
　　　　贷：银行存款　　　　　　　　　　　　　　　 1 200

（3）借：原材料——甲材料　　　　　　　　　　　　201 200
　　　　贷：在途物资——甲材料　　　　　　　　　 201 200

（4）借：原材料——乙材料　　　　　　　　　　　　150 800
　　　　应交税费——应交增值税（进项税额）　　　 25 500
　　　　贷：应付账款——光华工厂　　　　　　　　 175 500
　　　　　　现金　　　　　　　　　　　　　　　　　　800

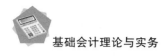

（5）借：预付账款　　　　　　　　　　　　　　　　　60 000
　　　贷：银行存款　　　　　　　　　　　　　　　　　60 000
（6）借：应付账款——光华工厂　　　　　　　　　　　175 500
　　　贷：银行存款　　　　　　　　　　　　　　　　　175 500
（7）借：原材料——丙材料　　　　　　　　　　　　　51 000
　　　应交税费——应交增值税（进项税额）　　　　　8 500
　　　贷：预付账款　　　　　　　　　　　　　　　　　59 500

任务三　生产过程的核算

学习目的与要求：
本节通过对工业企业中生产过程的核算，详细阐述在生产过程中账户和借贷记账法的应用，使学生了解企业生产过程核算的主要内容，熟悉相关会计科目，能正确填制所需原始凭证，能根据原始凭证正确判断经济业务，并正确编制有关的会计分录及填制记账凭证。

学习重点：
生产过程中账户的设置和结构以及相关会计分录的应用。
学习难点：
借贷记账法的具体应用。

一、学习准备

（1）回顾企业资金筹集业务的内容。
（2）根据实际经验，分析工业企业生产过程中涉及的主要经济业务。

二、计划与实施

工业企业的基本任务是生产社会需要的产品，产品的生产过程是企业生产经营过程的中心环节。为了生产产品，必然要发生各种耗费，如材料的耗费、固定资产的磨损、支付职工薪酬和其他费用等，这些生产耗费最终应归集分配到各种产品成本中去，构成产品成本。对于生产经营过程中发生的与产品生产无直接关系的各项费用，如管理费用、财务费用等，应当直接计入当期损益，不计入产品成本。因此，生产过程核算的主要内容是归集和分配各项费用，计算产品生产成本。

（一）材料领用

【例21】甲企业生产车间从仓库领用一批材料用于生产Ⅰ、Ⅱ两种产品和其他一般耗用，具体情况如表3-3-1所示：

表3-3-1 材料发出汇总

材料种类	领料用途和部门				合计金额
	Ⅰ产品	Ⅱ产品	生产车间	管理部门	
A材料	63 530	75 000	5 000	24 470	168 000
B材料	43 500	38 950	1 500	7 050	91 000
C材料	4 000	1 200	500	480	6 180
合计	111 030	115 150	7 000	32 000	265 180

【解析】该项经济业务的发生，一方面使企业的库存材料减少，应记入"原材料"账户的贷方；另一方面增加了企业的成本费用。其中：用于生产Ⅰ、Ⅱ两种产品的材料构成了产品实体，属于产品生产的直接费用，应作为产品生产的直接材料费用分别记入Ⅰ、Ⅱ产品的生产成本之中，即记入"生产成本"账户的借方；车间一般性耗用的原材料费用，属于产品生产的间接费用，应记入"制造费用"账户的借方；管理部门耗用的原材料费用，属于期间费用，应记入"管理费用"账户的借方。其会计分录如下：

借：生产成本——Ⅰ产品　　　　　　　　　　　111 030
　　　　　　——Ⅱ产品　　　　　　　　　　　115 150
　　制造费用　　　　　　　　　　　　　　　　7 000
　　管理费用　　　　　　　　　　　　　　　　32 000
　贷：原材料——A材料　　　　　　　　　　　168 000
　　　　　　——B材料　　　　　　　　　　　91 000
　　　　　　——C材料　　　　　　　　　　　6 180

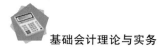

【知识链接18】

"生产成本"账户

"生产成本"账户属于成本类账户，用来核算企业进行工业性生产，包括生产各种产品、自制材料、自制工具、自制设备等所发生的各项费用，主要有直接材料费、直接人工费、制造费用等。该账户的借方登记月份内生产产品所发生的全部生产费用；贷方登记应结转的完工产品的实际生产成本；月末余额在借方，表示生产过程中尚未完工产品的实际生产成本。"生产成本"账户下设"基本生产成本"和"辅助生产成本"两个二级明细分类账户，按照成本计算对象设置三级明细分类账户，按照成本计算对象设置三级明细分类账户，具体反映每种产品的实际生产成本。

【知识链接19】

"制造费用"账户

"制造费用"账户属于成本类账户，用来核算企业生产车间为制造产品和提供劳务而发生的各项间接费用，包括工资和福利费、折旧费、修理费、办公费、机物料消耗、劳动保护费、季节性停工损失、修理期间的停工损失以及其他不能直接计入产品生产成本的费用等。该账户的借方登记企业为制造产品和提供劳务而发生的各项间接费用；贷方登记分配结转应由各种产品生产负担的制造费用；月末结转后一般无余额。"制造费用"账户按不同的车间、部门设置明细账，并按费用项目设置专栏，进行明细分类核算。

【知识链接20】

"管理费用"账户

"管理费用"账户属于损益类账户，用来核算企业行政管理部门为组织和管理生产经营活动而发生的，应由企业统一负担的各项公司经费，包括行政管理部门的工资和福利费、折旧费、工会经费、业务招待费、修理费、物料损耗、低值易耗品摊销、差旅费、聘请中介机构费、诉讼费、无形资产摊销、存货盘盈或盘亏、房产税、车船使用税、印花税、技术转让费、职工教育经费、研究开发费、劳动保险费和坏账损失等。该账户的借方登记企业发生的各项管理费用；贷方登记期末结转到"本年利润"账户中得本期管理费用数额。期末结转后该账户无余额。一般情况下"管理费用"账户按照费用项目设置明细分类账，进行明细分类核算。

（二）薪酬的确认与支付

【例22】企业期末计算确认当期应付给生产人员的薪酬为50 000元，其中A产品直接生产人员薪酬20 000元，B产品直接生产人员薪酬16 000元，车间间接生产人员薪酬14 000元。

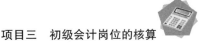

【解析】 企业计算确认应付职工薪酬时,一方面使企业产品生产费用增加,另一方面表明企业应付给职工的薪金增加。其中：A、B 产品的直接生产人员薪酬,即记入"生产成本"账户的借方；车间间接生产人员薪酬,属于产品生产的间接费用,应记入"制造费用"账户的借方；故应编制分录如下:

借：生产成本——基本生产成本（A 产品）　　　　20 000
　　生产成本——基本生产成本（B 产品）　　　　16 000
　　制造费用　　　　　　　　　　　　　　　　　14 000
　　贷：应付职工薪酬——工资　　　　　　　　　500 000

【知识链接21】

"应付职工薪酬"账户

"应付职工薪酬"账户属于负债类账户,核算企业根据有关规定应付给职工的各种薪酬。企业（外商）按规定从净利润中提取的职工奖励及福利基金,也在本科目核算。本科目可按"工资""职工福利""社会保险费""住房公积金""工会经费""职工教育经费""非货币性福利""辞退福利""股份支付"等进行明细核算。当企业计算确认应付的职工薪酬时,贷记本科目；当企业实际支付职工薪酬时,借记本科目；本科目期末贷方余额,反映企业应付未付的职工薪酬。

【例23】 企业以银行存款支付上述生产人员薪酬,同时代扣职工个人所得税 1 000 元。

【解析】 企业以银行存款支付职工薪酬,一方面引起企业银行存款减少,同时减少了企业的应付职工薪酬；另一方面,企业代扣了职工的个人所得税,故"应交税费"相应增加。故应编制分录如下：

借：应付职工薪酬——工资　　　　　　　　　　50 000
　　贷：银行存款　　　　　　　　　　　　　　49 000
　　　　应交税费——应交个人所得税　　　　　1 000

此外,企业管理部门人员、销售人员的职工薪酬费用,应分别由"管理费用""销售费用"科目进行核算。

（三）生产设备等资产的折旧

【例24】 企业当月计提车间固定资产的折旧,共计 20 000 元。

【解析】 固定资产折旧是在固定资产用于产品生产过程而发生的价值损耗,企业对固定资产计提折旧,一方面表明企业所有在产品应承担的间接生产费用增加,另一方面表明固定资产的账面价值在减少。故应编制如下会计分录：

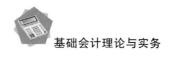

借：制造费用　　　　　　　　　　　　　　　　　　　　20 000
　　贷：累计折旧　　　　　　　　　　　　　　　　　　　20 000

【知识链接22】

"累计折旧"账户

"累计折旧",资产类科目,用来核算企业固定资产的累计折旧,企业应按固定资产的类别或项目进行明细核算。企业近按月计提固定资产折旧时,贷记本科目;由于固定资产报废等原因而注销固定资产原价的同时,转销相应的累计折旧,借记本科目;本科目期末贷方余额,反映企业固定资产的累计折旧额。

（四）完工产品成本的计算及入库

【例25】假设企业当月累计发生的间接生产费用（由A产品和B产品共同承担）共计50 000元,其中A产品应承担60%,其余由B产品成本。月末,企业将上述间接生产费用分别转入两种产品的"生产成本"科目。

【解析】将间接生产费用分配转入产品的生产成本,则"制造费用"因分配结转而减少,"生产成本"因转入分配的"制造费用"而增加。故应编制如下会计分录：

借：生产成本——基本生产成本（A产品）　　　　　30 000
　　生产成本——基本生产成本（B产品）　　　　　20 000
　　贷：制造费用　　　　　　　　　　　　　　　　　50 000

【知识链接23】

月末,企业应将本月累计发生的"制造费用"在不同的产品间进行分配,并将其转入相应的产品"生产成本"科目中去。间接生产费用的具体分配依据一般有产品数量、生产工时、产品体积、产品质量等。

【例26】月末企业完工A产品一批,验收入库,该批完工产品生产成本共计40 000元。

【解析】产品完工入库,一方面表明库存商品增加,另一方面表明车间的在产品因完工而减少。故应编制分录如下：

借：库存商品——A产品　　　　　　　　　　　　　　40 000
　　贷：生产成本——基本生产成本（A产品）　　　　40 000

【知识链接24】

"库存商品"账户

"库存商品",资产类科目,核算企业库存的各种商品的实际成本（或进价）或计划成本（或售价）,包括库存产成品、外购商品、存放在门市部准备出售的商品、发出展览的商品以及寄存在外的商品等。接受来料加工制造的代制品和为外单位加工修理的代修品，在制造和修理完成验收入库后，视同企业的产成品，也通过本科目核算。本科目可按库存商品的种类、品种和规格等进行明细核算。企业产品完工入库时，借记本科目；因出售等原因而减少库存商品时，贷记本科目；本科目期末借方余额，反映企业库存商品的实际成本（或进价）或计划成本（或售价）。

任务四　销售过程的核算

学习目标与要求：

本节通过对工业企业中销售过程的核算，详细阐述在销售过程中账户和借贷记账法的应用，使学生熟悉销售业务的流程，相关凭证的填制、审核及传递，会计核算的具体方法，进一步巩固借贷记账法。

学习重点：

销售业务账户的设置和结构以及相关会计分录的应用。

学习难点：

借贷记账法的具体应用。

一、学习准备

（1）回顾工业企业经营过程的各个阶段。

（2）回顾生产过程的核算：大华公司生产领用甲材料 5 000 元；产品已入库。

（3）根据实际经验，分析工业企业销售过程中涉及的主要经济业务。

二、计划与实施

企业生产出的产品，主要用途是用于销售。企业通过产品销售最终实现收入，获得相应的货款或债权。获得销售收入的代价就是转让商品的所有权，即企业将库存商品转让给了客户，这种为取得销售收入而让渡的商品生产成本构成了收入的代价，产生了企业的一项费用。企业收入与费用的差额形成了企业的利润,并用于股东的分配或留存于企业继续用于生产经营。企业在销售产品的过程中,还会发生其他的相关费用,如销售税金、销售运杂费、产品广告费、销售机构的办公费等。

(一) 产品销售及结转成本

【例27】A企业(小规模纳税企业,适用增值税税率3%)将一批产品售出,售价(价税合计)106 000元,收到款项。

【解析】企业将产品售出,款项也已收到,表明企业营业收入增加、存款增加;另外,作为小规模纳税企业,应按收入的一定比率计算应缴纳的增值税额,即在企业营业收入增加的同时,还应同时确认一笔负债(应交税费)。故A企业应计算该笔业务应缴纳的增值税并编制分录如下:

应缴纳的增值税 = 106 000 ÷ (1 + 3%) × 3% = 3 087.38(元),主营业务收入 = 106 000 - 3 087.38 = 102 912.62(元)。

借:银行存款　　　　　　　　　　　　　　　　106 000
　　贷:主营业务收入　　　　　　　　　　　　　102 912.62
　　　　应交税费——应交增值税　　　　　　　　3 087.38

【例28】A企业(一般纳税企业,适用增值税税率17%)将一批产品售出,售价(不含税)10 000元,收到购货方开出的承兑商业汇票。

【解析】一般纳税企业在销售商品时,不仅要向客户收取货款,还应按适用的税率计算并代收增值税。所以,企业在确认收入的同时,还应确认一笔负债(应交税费)。故A企业应计算该笔业务应缴纳的增值税并编制分录如下:

应缴纳的增值税 = 10 000 × 17% = 1 700(元)
应收票据 = 10 000 + 1 700 = 11 700(元)

借:应收票据　　　　　　　　　　　　　　　　11 700
　　贷:主营业务收入　　　　　　　　　　　　　10 000
　　　　应交税费——应交增值税(销项税额)　　 1 700

【知识链接25】

"主营业务收入"账户

"主营业务收入",损益类(收入)科目,核算企业确认的销售商品、提供劳务等主营业务形成的收入,可按主营业务的种类进行明细核算。企业确认实现营业收入时,贷记本科目;期末,应将本科目的余额转入"本年利润"科目,结转时应借记本科目;结转后本科目应无余额。

【例29】假设上例中所售出库存商品的生产成本为60 000元。

【解析】企业为获得收入，将库存商品的所有权出让、并交付了商品，表明企业库存商品减少、主营业务成本增加。故 A 企业应编制如下会计分录：

借：主营业务成本　　　　　　　　　　　　　　　　60 000
　　贷：库存商品　　　　　　　　　　　　　　　　　　60 000

【知识链接26】

"主营业务成本"账户

"主营业务成本"，损益类（费用）科目，核算企业确认销售商品、提供劳务等主营业务收入时应结转的成本，可按主营业务的种类进行明细核算。企业确认发生的主营业务成本时，借记本科目；期末，将本科目的余额转入"本年利润"科目时，贷记本科目；结转后本科目应无余额。

（二）材料销售及结转

【例30】A 企业（一般纳税企业，适用增值税税率17%）将一批原材料售出，售价（不含税）100 000 元，收到购货方货款。

【解析】企业通过材料销售业务，取得了货款及代收的税款、并实现一笔其他业务收入，同时还产生一笔应纳税负债（应交税费）。故 A 企业应计算该笔业务应缴纳的增值税并编制分录如下：

应缴纳的增值税 = 100 000 × 17% = 17 000（元）

银行存款 = 100 000 + 17 000 = 117 000（元）

借：银行存款　　　　　　　　　　　　　　　　　　117 000
　　贷：其他业务收入　　　　　　　　　　　　　　　100 000
　　　　应交税费——应交增值税　　　　　　　　　　 17 000

【知识链接27】

"其他业务收入"账户

"其他业务收入"，损益类（收入）科目，核算企业确认的除主营业务活动以外的其他经营活动实现的收入，包括出租固定资产、出租无形资产、出租包装物和商品、销售材料、用材料进行非货币性交换（非货币性资产交换具有商业实质且公允价值能够可靠计量）或债务重组等实现的收入，可按其他业务收入种类进行明细核算。企业确认实现其他业务收入时，贷记本科目；期末，将本科目余额转入"本年利润"科目时，借记本科目；结转后本科目应无余额。

【例31】假设上例中所售出材料的账面成本为 60 000 元。

【解析】企业为获得收入，将库存材料的所有权出让并交付了材料，表明企业库存材料减少、其他业务成本增加。故 A 企业应编制如下会计分录：

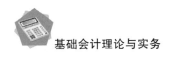

借：其他业务成本　　　　　　　　　　　　　　　　　　　60 000
　　贷：原材料　　　　　　　　　　　　　　　　　　　　　60 000

【知识链接 28】

"其他业务成本"账户

"其他业务成本"，损益类（费用）科目，核算企业确认的除主营业务活动以外的其他经营活动所发生的支出，包括销售材料的成本、出租固定资产的折旧额、出租无形资产的摊销额、出租包装物的成本或摊销额等，可按其他业务成本的种类进行明细核算。企业确认发生其他业务成本时，借记本科目；期末，将本科目余额转入"本年利润"科目时，贷记本科目；结转后本科目无余额。

【例 32】 期末，经计算，企业当期销售商品应缴纳的消费税为 4 000元、城市维护建设税 1 000元。

【解析】 企业因销售商品必须承担相应的纳税义务，由此而产生的费用增加记入本科目的借方，同时确认相应的负债（应交税费）增加。故 A 企业应编制分录如下：

借：营业税金及附加　　　　　　　　　　　　　　　　　　5 000
　　贷：应交税费——应交消费税　　　　　　　　　　　　4 000
　　　　应交税费——应交城市维护建设税　　　　　　　　1 000

【知识链接 29】

"营业税金及附加"账户

"营业税金及附加"，损益类（费用）科目，核算企业经营活动发生的营业税、消费税、城市维护建设税、资源税和教育费附加等相关税费。房产税、车船使用税、土地使用税、印花税在"管理费用"科目核算，但与投资性房地产相关的房产税、土地使用税在本科目核算。企业按规定计算确定与经营活动相关的税费时，借记本科目；期末，将本科目余额转入"本年利润"科目时，贷记本科目；结转后本科目应无余额。

【例 33】 假设次月初，企业以存款支付了当期销售商品应缴纳的消费税4 000元、城市维护建设税 1 000元。

【解析】 企业以存款支付税费，一方面存款减少，同时相应的负债减少。故 A 企业应编制分录如下：

借：应交税费——应交消费税　　　　　　　　　　　　　　4 000
　　应交税费——应交城市维护建设税　　　　　　　　　　1 000
　　贷：银行存款　　　　　　　　　　　　　　　　　　　5 000

【例 34】 A 企业为销售商品（或原材料），以现金支付产品运费

1 000元。

【解析】企业以现金支付销售运费，一方面现金减少，同时销售费用增加。故A企业应编制分录如下：

借：销售费用　　　　　　　　　　　　　　　　　　　　　1 000
　　贷：现金　　　　　　　　　　　　　　　　　　　　　　1 000

【知识链接30】

"销售费用"账户

"销售费用"，损益类（费用）科目，核算企业销售商品和材料、提供劳务的过程中发生的各种费用，包括保险费、包装费、展览费和广告费、商品维修费、预计产品质量保证损失、运输费、装卸费等以及为销售本企业商品而专设的销售机构（含销售网点、售后服务网点等）的职工薪酬、业务费、折旧费等经营费用。企业发生的与专设销售机构相关的固定资产修理费用等后续支出，也在本科目核算，本科目可按费用项目进行明细核算。企业在销售商品过程中发生各种经营费用时，借记本科目；期末，将本科目余额转入"本年利润"科目，结转后本科目无余额。

【例35】A企业计提销售部门当期固定资产折旧1 000元。

【解析】企业计提固定资产折旧，一方面表明累计折旧增加；同时，因计提销售部门固定资产折旧所引起的固定资产价值减少作为一项销售费用增加处理。故A企业应编制分录如下：

借：销售费用　　　　　　　　　　　　　　　　　　　　　1 000
　　贷：累计折旧　　　　　　　　　　　　　　　　　　　　1 000

三、评价与反馈

资料：某公司在4月发生了如下经济业务。

（1）4日，向甲工厂出售A产品500件，每件售价60元，增值税税率17%。货款已收到，存入银行。

（2）7日，向乙公司出售B产品300件，每件售价150元，增值税税率17%。货款尚未收到。

（3）15日，收到乙公司支付的B产品的货款和增值税款，存入银行。

（4）17日，预收购货单位丙工厂货款30 000元，预收丁工厂货款60 000元，预收货款均存入银行。

（5）20日，向丙工厂提供A产品400件，每件售价60元，增值税税率17%，货款抵付前收的预收款，多收的款项用现金退回。

(6) 22日,向丁工厂提供B产品400件,每件售价150元,增值税税率17%,货款抵付前收的预收款,不足的款项丁工厂用银行存款转账支付。

(7) 25日,向戊公司出售A产品100件,每件售价60元,增值税税率17%。戊公司签发一张商业汇票以支付货款和增值税。

(8) 30日,按出售的两种产品的实际成本结转销售成本(A产品每件40元,B产品每件115元)。

(9) 30日,按本月流转税的一定比例计提应交城市维护建设税为6 050元,应交教育费附加960元。

请根据以上经济业务编制相关会计分录:

答案:

(1) 借:银行存款　　　　　　　　　　　　　　　　　35 100
　　　贷:主营业务收入　　　　　　　　　　　　　　30 000
　　　　　应交税费——应交增值税(销项税额)　　　5 100

(2) 借:应收账款——乙公司　　　　　　　　　　　52 650
　　　贷:主营业务收入　　　　　　　　　　　　　　45 000
　　　　　应交税费——应交增值税(销项税额)　　　7 650

(3) 借:银行存款　　　　　　　　　　　　　　　　　52 650
　　　贷:应收账款——乙公司　　　　　　　　　　　52 650

(4) 借:银行存款　　　　　　　　　　　　　　　　　90 000
　　　贷:预收账款——丙工厂　　　　　　　　　　　30 000
　　　　　　　　——丁工厂　　　　　　　　　　　　60 000

(5) 借:预收账款——丙工厂　　　　　　　　　　　30 000
　　　贷:主营业务收入　　　　　　　　　　　　　　24 000
　　　　　应交税费——应交增值税(销项税额)　　　4 080
　　　　　库存现金　　　　　　　　　　　　　　　　1 920

(6) 借:预收账款——丁工厂　　　　　　　　　　　60 000
　　　　银行存款　　　　　　　　　　　　　　　　　10 200
　　　贷:主营业务收入　　　　　　　　　　　　　　60 000
　　　　　应交税费——应交增值税(销项税额)　　　10 200

(7) 借:应收票据　　　　　　　　　　　　　　　　　7 020
　　　贷:主营业务收入　　　　　　　　　　　　　　6 000
　　　　　应交税费——应交增值税(销项税额)　　　1 020

(8) 本期共销售A产品1 000件(500+400+100),其销售成本为1 000×40=40 000元;本期共销售B产品700件(300+400),其销售成本为 700×115=80 500 元。

  借：主营业务成本   120 500
    贷：库存商品——A 产品   40 000
        ——B 产品   80 500
（9）借：营业税金及附加   7 010
    贷：应交税费——应交城市维护建设税 6 050
        ——应交教育费附加   960

任务五 利润形成与分配的核算

学习目的与要求：
  本节通过对工业企业中利润形成与分配的核算，详细阐述在利润形成与分配中账户和借贷记账法的应用。通过本节课的教学，使学生理解利润的概念，知道利润的组成并掌握利润的计算公式，同时掌握营业外收支概念及其账户的核算方法。
  学习重点：
  利润形成、分配账户的设置和结构以及相关会计分录的应用。
  学习难点：
  借贷记账法的具体应用。

一、学习准备

  （1）回顾哪些是属于损益的会计科目，哪些是属于费用类的会计科目。
  （2）大华公司在 2012 年销售货物一批，收入 20 000 元，货物成本为 10 000元，同时发生了 2 000 元的办公费用，请计算大华公司的利润。

二、计划与实施

  企业经过采购过程、生产过程以及销售过程形成利润，从而进入利润形成和分配的阶段。在这个阶段中，企业首先通过将损益类科目结转到"本年利润"科目，计算利润总额，之后按照国家税法的规定，对企业的所得按照规定的税率计算并缴纳所得税,由利润总额减去企业所得税费用最终计算出净利润。企业取得的净利润,应当按照规定进行分配,首先是弥补以前年度尚未弥补的亏损,然后提取法定盈余公积,向投资者分配利润。

(一) 核算利润的形成以及核算所得税费用

1. 净利润的形成

利润是指企业在一定会计期间的经营成果。利润包括收入减去费用后的净额、直接计入当期利润的利得和损失等。其中,收入减去费用后的净额是企业日常活动的结果,直接计入当期利润的利得和损失是企业非日常活动的结果。在这里,直接计入当期的利得和损失是指应当计入当期损益、会导致所有者权益发生增减变动、与所有者投入资本或者向所有者分配利润无关的利得和损失,如捐赠利得、非常损失等。

在利润表上利润列示分为营业利润、利润总额和净利润三个层次,具体计算如下:

(1) 营业利润。

营业利润 = 营业收入 − 营业成本 − 营业税金及附加 − 销售费用 − 管理费用 − 财务费用 − 资产减值损失 + 公允价值变动损益 + 投资收益

营业收入是指企业日常经营业务所确定的收入总额,包括主营业务收入和其他业务收入。其他业务收入是指企业确认的除主营业务活动以外的其他经营活动实现的收入,如制造企业销售材料、出租设备、出租包装物等实现的收入。

营业成本是指企业日常经营业务所发生的实际成本总额,包括主营业务成本和其他业务成本。其他业务成本是指企业确认的除主营业务活动以外的其他经营活动所发生的支出,如制造企业销售材料成本、出租设备的折旧额和出租包装物的摊销额等。

资产减值损失是指企业计提各项资产减值准备所形成的损失。公允价值变动损益是指企业交易性金融资产等公允价值变动形成的应计入当期损益的利得和损失。

投资收益是指企业以各种方式对外投资所取得的收益(或发生的损失)。

(2) 利润总额。

利润总额 = 营业利润 + 营业外收入 − 营业外支出

营业外收入是指企业发生的与日常活动无直接关系的计入当期损益的各项利得,主要包括非流动资产处置利得、政府补助、盘盈利得、捐赠利得和罚款收入等。

营业外支出是指企业发生的与日常活动无直接关系的计入当期损益的各项损失,主要包括非流动资产处置损失、盘盈利得、非常损失、捐赠支出和罚款支出等。

(3) 净利润。

$$净利润 = 利润总额 - 所得税费用$$

所得税费用是指企业确认的应从当期利润总额中扣除的所得税费用。

2. 所得税的核算

所得税是企业根据国家税法的规定,对企业的所得,按照规定的税率计算并缴纳的税款。企业所得税的计征实行按年计算,按月或按季预缴,年度终了汇算清缴,多退少补的方法。企业应缴纳的所得税计算公式如下:

$$应纳所得税额 = 应纳税所得额 \times 所得税税率$$

应当指出的是,企业应纳税所得额是应纳税所得额乘以所得税税率计算而得,而不是利润总额乘以所得税税率计算而得。一般而言,应纳税所得额与利润总额是两个不同的概念。应纳税所得额是根据税法的规定计算确认的利润数,即税法所得额,而利润总额是根据会计准则的有关规定计算确认的利润数,即会计所得额。由于税法与会计准则在收入、费用上可能存在不一致,以致利润总额和应纳税所得额会发生差异,此时应按照税法规定进行调整,将利润总额调整为应纳税所得额,并乘以所得税税率计算应缴纳所得税款。

【例36】期末,企业按照25%的所得税税率计算本期应交所得税。

假设某一公司本年的营业收入为145 000元,营业成本为27 000元,营业税金及附加为8 200元,销售费用为1 500元,管理费用为8 100元,财务费用为200元,则计算本期利润总额得:

利润总额 = 营业收入 - 营业成本 - 营业税金及附加 - 销售费用 - 管理费用 - 财务费用 = 145 000 - 27 000 - 8 200 - 1 500 - 8 100 - 200 = 100 000 (元)

注:假设该企业不存在需要调整的纳税所得,按实现的利润总额计算应纳税所得额如下:

$$应纳税所得额 = 100\ 000 \times 25\% = 25\ 000 (元)$$

【解析】计算出的企业应纳所得税,一方面反映企业所得税费用增加25 000元,计入"所得税费用"账户的借方;另一方面所得税在未实际发生支付前成为企业的一项负债,使得企业应交税增加25 000元,计入"应交税费——应交所得税"账户的贷方。该项业务编制会计分录如下:

借:所得税费用　　　　　　　　　　　　　　　　　　25 000

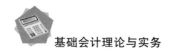

　　贷：应交税费——应交所得税　　　　　　　　　　　　　　　25 000

【知识链接31】

"所得税费用"账户

　　"所得税费用"账户是用来核算企业按照从本期损益中减去的所得税。该账户属于损益类账户，其借方登记企业应计入本期所有的所得税税额，贷方登记企业期末转入"本年利润"账户的所得税额，结转后无余额。

　　【例37】 企业以银行存款向税务部门缴纳所得税25 000元。

　　【解析】 该项经济业务的发生，一方面使企业应交税费减少了25 000元，应计入"应交税费——应交所得税"账户的借方；另一方面使银行存款减少了25 000元，计入"银行存款"账户的贷方。该项经济业务编制会计分录如下：

　　借：应交税费——应交所得税　　　　　　　　　　　　　　　25 000

　　　　贷：银行存款　　　　　　　　　　　　　　　　　　　　25 000

3. 净利润形成的核算

　　企业为了核算一定期间的财务成果，会计期间应进行本期损益的结转。企业结转本期损益，应于期末将各项收入、费用、计入当期利润的利得和损失，账户的余额结转到"本年利润"账户，其中将收入和利得类账户的余额转入"本年利润"账户的贷方，将费用和损失类账户的余额转入"本年利润"账户的借方。

　　【例38】 期末，将各项收入账户余额从借方转入"本年利润"账户的贷方。根据前述，"主营业务收入"账户贷方余额145 000元。

　　编制结转会计分录为：

　　借：主营业务收入　　　　　　　　　　　　　　　　　　　145 000

　　　　贷：本年利润　　　　　　　　　　　　　　　　　　　145 000

　　【例39】 期末，将各项费用、损失账户从贷方转入"本年利润"账户的借方。根据前述，"主营业务成本"账户借方余额为27 000元，"营业税金及附加"账户借方余额为8 200元，"销售费用"账户借方余额为1 500元，"管理费用"账户借方余额为8 100元，"财务费用"账户借方余额为200元，所得税费用余额为25 000元。

　　编制结转会计分录为：

　　借：本年利润　　　　　　　　　　　　　　　　　　　　　70 000

　　　　贷：主营业务成本　　　　　　　　　　　　　　　　　27 000

　　　　　　营业税金及附加　　　　　　　　　　　　　　　　 8 200

　　　　　　销售费用　　　　　　　　　　　　　　　　　　　 1 500

管理费用	8 100
财务费用	200
所得税费用	25 000

所以，净利润 = 145 000 - 70 000 = 75 000（元）。

【知识链接32】

"本年利润"账户

"本年利润"账户是所有者损益账户，是用来核算和监督企业实现的净利润（或发生的净亏损）情况的账户。该账户属于所有者权益类账户，贷方登记期末从"主营业务收入""其他业务收入"等账户的转入数；借方登记期末从"主营业务成本""其他业务成本""营业税金及附加""销售费用""管理费用""财务费用""所得税费用"等账户的转入数。将本期转入的收入和费用账户的发生额进行比较，若为贷方余额则表示实现的净利润，若为借方余额则表示发生的亏损。在年度中间，该账户的余额保留在本账户，不予结转，表示截至本期本年累计实现的净利润（或亏损）。年度终了，应将"本年利润"账户余额转入"利润分配"账户，结转后该账户应无余额。

（二）利润分配的核算

利润分配的内容及顺序：

企业取得的利润，应当按照规定进行分配。利润分配的过程和结果，不仅关系到所有者的合法权益是否得到保护，而且还关系到企业能否长期、稳定地发展。根据我国有关法规的规定，一般企业和股份有限公司每期实现的净利润，首先是弥补以前年度尚未弥补的亏损，然后应按下列顺序进行分配：

（1）提取法定盈余公积。法定盈余公积按照当年实现净利润的10%的比例提取。企业提取的法定盈余公积累计为其注册资本的50%以上的，可以不再提取。企业提取的法定盈余公积主要用于弥补亏损和转增资本。

（2）向投资者分配利润。企业提取法定盈余公积后，可以按照规定向投资者分配利润。

企业本年实现的净利润加上年初未分配利润为可供分配的利润。可供分配的利润在经过上述分配后，即为未分配利润，未分配利润可留待以后年度进行分配。

【例40】企业根据规定按净利润的10%提取法定盈余公积（企业1～12月实现的净利润为75 000元）。

应提取的法定盈余公积 = 75 000 × 10% = 7 500（元）

【解析】该项经济业务,企业计提盈余公积,属于利润分配的增加,一方面分配增加83 400元,计入"利润分配"账户的借方;另一方面盈余公积增加83 400元,计入"盈余公积"账户的贷方。编制会计分录如下:

借:利润分配——提取法定盈余公积　　　　　　　　　　　7 500
　　贷:盈余公积——法定盈余公积　　　　　　　　　　　　　7 500

【知识链接33】

"盈余公积"账户

"盈余公积"账户是用来核算企业从净利润中提取的盈余公积的账户。该账户属于所有者权益类账户,其贷方登记企业从利润中提取的盈余公积;借方登记以盈余公积转增资本、弥补亏损的数额;期末余额在贷方,表示企业提取的盈余公积实际结存数额。企业应按盈余公积的种类设置明细账,进行明细分类核算。

"利润分配"账户

"利润分配"账户是用来核算和监督企业利润的分配(或亏损的弥补)和历年分配(或弥补)后的积存余额的账户。该账户属于所有者权益类账户,其借方登记按规定实际分配的利润数,或者年终时从本年利润账户的贷方转来的全年亏损总额;贷方登记年终时从本年利润账户借方转来的全年实际的净利润;年终贷方余额表示历年积存的未分配利润,如为借方余额,则表示历年积存的为弥补亏损。该账户按利润分配的具体项目,一般应设置"提取法定盈余公积""应付股利""未分配利润"等明细账,进行明细分类核算。

【例41】企业根据批准的利润分配方案,向投资者分配现金股利15 000元。

【解析】该项经济业务的发生,企业向投资者分配现金股利,表示利润分配的增加。一方面利润分配增加15 000元,计入"利润分配"账户的借方;另一方面向投资者分配现金股利在没有实际支付之前,形成了企业的一项负债,计入"应付股利"账户的贷方。编制会计分录如下:

借:利润分配——应付现金股利　　　　　　　　　　　　150 000
　　贷:应付股利　　　　　　　　　　　　　　　　　　　　150 000

【知识链接34】

"应付股利"账户

"应付股利"账户属于负债类账户,是用来核算企业经董事会或股东大会,或类似机构决议确定分配的现金股利或利润。该账户贷方登记根据通过的股利或利润分配方案,应支付的现金股利或利润;借方登记实际支付数;

期末余额在贷方，表示企业尚未支付的现金股利或利润。

【例42】年终决算时，企业结转全年实现的净利润75 000元。

【解析】年终决算时，企业应将全年实现的净利润自"本年利润"账户转入"利润分配——未分配账户"，结平"本年利润"账户。编制会计分录如下：

  借：本年利润   75 000
    贷：利润分配——未分配账户   75 000

【例43】年终决算时，企业将"利润分配"账户所属的各明细分类账户的借方合计数225 000元结转到"利润分配——未分配账户"明细分类账户的借方。编制结转会计分录如下：

【解析】
  借：利润分配——未分配利润   225 000
    贷：利润分配——提取法定盈余公积 75 000
        ——应付现金股利   150 000

三、评价反馈

某企业2010年12月发生下列有关利润业务：

（1）将本期实现的主营业务收入36 700元，发生的主营业务成本21 430元，营业税金及附加1 600元，销售费用1 100元，管理费用3 340元，财务费用230元转入"本年利润"账户。

（2）按25%的所得税税率计算并结转本期应交所得税（假设本期无纳税调整项目）。

（3）按税后利润的10%提取法定盈余公积。

（4）决定向投资者分配现金股利40 000元。

根据上述经济业务编制相关的会计分录。

答案：
（1）借：主营业务收入   36 700
    贷：本年利润   36 700
    借：本年利润   27 700
    贷：主营业务成本   21 430
      营业税金及附加   1 600
      销售费用   1 100

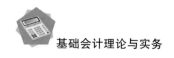

管理费用	3 340
财务费用	230

（2）利润总额＝36 700－27 700＝9 000（元）

本期应交所得税＝9000×25％＝2 250（元）

借：所得税费用	2 250
贷：应交税费——应交所得税	2 250

（3）净利润＝9 000－2 250＝6 750（元）

12月提取法定盈余公积＝6 750×10％＝675（元）

借：利润分配——提取法定盈余公积	675
贷：盈余公积——法定盈余公积	675
（4）借：利润分配——现金股利	40 000
贷：应付股利	40 000

任务六　财产清查的账务处理

学习目的与要求：

通过本章的学习，了解财产清查的意义与内容以及盘亏、盘盈时的处理程序，明确"待处理财产损溢"账户的登记方法，掌握财产清查的处理方法。

学习重点：

（1）货币资金、银行存款的清查结果处理。

（2）存货、固定资产的清查结果处理。

学习难点：

财产清查的结果处理。

一、学习准备

（1）了解财产清查的意义。

（2）掌握财产清查的处理方法。

二、计划与实施

(一) 财产清查的意义

财产清查是通过对企业的货币资金、实物资产和债权债务等的盘点和核对,确定其实存数,并查明各项财产的实存数与账存数是否相符的一种专门方法。

对任何会计主体而言,都要通过账簿来反映其各项经济业务发生引起的各项财产增减变动及其结果。从理论上讲,账簿上记录财产增减变动的结果应该与各项财产的实有数量相一致。但在实际工作中,由于账簿记录与实物收发、往来结算等多种原因,各项财产的账面数与结存数可能发生差异,造成账实不符。具体表现在:在账簿记录中发生重记、漏记和错记;财产物资在收发过程中由于计量或检验不准,而发生品种或数量与原始记录不相一致;财产物资在保管过程中而发生自然损耗;由于结算中未达账项和拒付等原因,造成结算双方账实不符;由于管理不善、制度不严而造成财产损坏、丢失、贪污和盗窃;因意外灾害造成损失等。因此,为了保证会计账簿记录的真实性和准确性,提高会计信息质量,必须采用行之有效的财产清查方法,对财产进行定期或不定期的清查,以便查明造成差异的原因和分清责任,做到账实相符。财产清查工作对于加强企业管理,充分发挥会计的监督职能具有重要的意义。

(1) 保证会计核算资料的真实性。通过财产清查,可以确定各项财产物资的实存数,并与其账面数进行核对,查明原因,据不同情况及时调整账簿记录,做到账实相符,以保证账簿记录的真实、正确,为编制财务报表和进行管理提供可靠的信息。

(2) 健全财产物资管理制度,保护财产的安全完整。通过财产清查,可以查明账实是否相符,财产物资有无短缺毁损,发现问题并及时采取相应措施堵塞漏洞,建立健全财产物资保管的经济责任制等各项规章制度,以保护财产的安全完整。

(3) 挖掘财产物资的潜力,加速资金周转。通过财产清查不仅要对财产物资进行账实核对,而且还要查明各项财产的储存和使用情况。对于超储积压、闲置不用或不合理应用的财产物资要及时处理,从而促进财产物资的有效使用,充分发挥财产物资的潜力,加速资金周转。

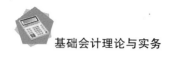

（二）财产清查的分类

1. 按财产清查的范围分类

按财产清查的范围分类，可分为全面清查和局部清查。

（1）全面清查。全面清查是对所有的财产物资、货币资金和各种债权债务进行全面盘点和核对。全面清查的范围大，内容多，时间长，参与人员广。

（2）局部清查。局部清查是根据需要，对部分财产物资、货币资金和债权债务进行盘点和核对。其清查的对象主要是流动性较大的财产物资。局部清查范围小，内容少，时间短，参与人员少，但专业性强。实施局部清查时，现金应每日清点、核对；银行存款每月至少同银行核对一次；债权债务等至少每年核对一两次；对于各项存货应有计划、有重点地进行抽查，贵重物品应至少每月清查一次。

2. 按财产清查的时间分类

（1）定期清查。定期清查就是根据计划安排的时间对财产物资、债权债务进行的清查。一般是在年末、季末、月末结账时进行。定期清查可以是局部清查，也可以是全面清查。

（2）不定期清查。不定期清查是指事先并无规定清查时间，而根据实际需要对财产物资所进行的临时性清查。不定期清查可以是全面清查，也可以是局部清查。

3. 财产清查的一般程序

财产清查是一项既复杂又细致的工作，必须有计划有组织地进行。不同的财产清查，其程序也不尽相同。但就其一般程序而言，主要包括以下几个步骤：

（1）成立专门的清查小组。财产清查涉及面广、人员多、工作量大，必须成立由会计部门牵头的有会计、业务、保管等各项职能部门人员参加的清查小组，具体负责财产清查的计划组织和管理。

（2）业务准备。业务准备是进行财产清查的关键。财产清查前，会计部门和有关业务部门必须做好以下各项准备工作：

1）会计部门应做好所有账簿的登记工作：将总分类账中的货币资金、财产物资和债权债务的有关账户与其所属的明细分类账和日记账核对准确，做到账账相符、账证相符，为账实核对提供正确的账簿资料。

2）财产清查保管部门要做好各种财产物资入账工作，并与会计部门的有关财产物资核对相符。同时，将各种财产物资排列整齐，挂上标签，标明品种、规格及结存数量，以便盘点核对。

3）财产清查人员在清查业务上也要进行必要的准备，如准备计量器具、有关清查需用的各种表册等。

（3）实施财产清查。在各项准备工作就绪之后，清查人员应确定清查的对象，采用一定的方法，实施财产清查。清查人员在进行清查工作时，无论是盘点财产物资，还是盘点现金，当事人必须在场，由盘点人员据实做好盘点记录；盘点结束后，盘点人员应根据财产物资的盘点记录和不同的财产物资编制相应的表单，据以分析清查结果，查找原因并做出相应的处理。

（三）财产清查的盘存制度

财产物资的盘存制度有永续盘存制和实地盘存制两种。

1. 永续盘存制

永续盘存制也称账面盘存制，是平时对各项财产物资的增加数和减少数都要根据会计凭证连续记入有关账簿，并随时结出账面结存数额。其计算公式如下：

账面期末余额 = 账面期初余额 + 本期增加额 − 本期减少额

采用这种方法，财产物资明细账按品种规格设置，在明细账中，除提供平时登记收入、发出和结存情况，也为加强财产物资的计划、管理和控制提供及时准确的信息，保证财产物资的安全与完整。其缺点是财产物资的明细分类核算工作量大，特别是对财产物资品种复杂、繁多的企业，要投入大量的人力、物力。但同实地盘存制相比，它在控制和保护财产物资安全完整方面具有明显的优越性，所以在实际工作中为多数企业所采用。

2. 实地盘存制

实地盘存制，是平时只根据会计凭证在账簿中登记财产物资的增加数，不登记减少数，到会计期末通过对全部财产物资进行实地盘点，以确定期末财产物资的实存数，来倒挤出本月减少数，再据以登记有关账簿。其计算公式如下：

本期减少数 = 账面期初结存数 + 本期增加数 − 期末实际结存数

实地盘存制的优点是简化了日常核算工作，工作量小。其缺点是手续不严密，不能及时反映和监督各项财产物资的收入、发出和结存情况；加大期末的工作量。因此，实地盘存制是一种不完善的物资盘存制度。这种方法只适用于自然损耗大、数量不稳定的鲜活商品。

（四）财产清查的内容和方法

财产清查是一项涉及面广、业务量大的会计工作，为了提高清查效率，保证清查工作质量，必须有针对性地采取科学、合理的方法进行财产清查。依据货币资金、实物资产、债权债务等清查对象的不同，财产清查会采用不同的方法。

1. 货币资金的清查

货币资金的清查包括对库存现金的清查、银行存款的清查和对其他货币资金的清查。

(1) 库存现金的清查。库存现金的清查采用实地盘点法。它是通过盘点库存现金的实存数并与现金日记账的账面余额相核对,以查明账实是否相符。

库存现金清查既包括出纳人员每日清点核对,也包括清查小组进行定期、不定期的盘点和核对。在专门清查人员进行盘点现金时,出纳员必须在场。清查人员要认真审核收付凭证和账簿记录,检查经济业务的合理性和合法性。特别注意检查有无挪用,是否以借条、收据抵充现金的情况。对于现金的盘点结果,要填制库存现金盘点报告表,由盘点人和出纳员共同签字盖章方能有效。"库存现金盘点报告表"是反映现金实有数的原始凭证,是查找原因和据以调整账簿记录的重要依据。库存现金盘点报告表的格式如表3-6-1所示。

表3-6-1 库存现金盘点报告表

单位名称:　　　　　　　　　年　月　日　　　　　　　金额单位:元

实存金额	账存金额	对比结果		备注
		盘盈	盘亏	

盘点人签章:　　　　　　　　　　　　　　　　出纳员签章:

(2) 银行存款的清查。银行存款的清查采用的是银行存款日记账与开户银行核对账目的方法。银行存款是企业存在银行的款项,由银行负责保管。企业在银行的存款实有数是通过银行对账单反映的,通过本单位的银行存款日记账与开户银行转来的对账单进行逐日逐笔的核对。如果两者金额相符,则说明没错误。若两者金额不一致,原因主要有两个:一是双方或一方记账错误,对于这种情况应及时查明原因,予以更正;二是存在未达账项。

所谓未达账项是指企业与银行之间由于凭证传递上的时间不同而发生的一方已登记入账而另一方尚未入账的款项。未达账项具体可分为以下四种情况:

1) 企业已收款入账,银行尚未收款入账。如企业收到外单位的转账支票,送存银行,对账前银行尚未入账的款项。

2）企业已付款入账，银行尚未付款入账。如企业开出转账支票后企业记银行存款的减少，而持票人尚未到银行办理转账手续，银行尚未记减少。

3）银行已收款入账，企业尚未收款入账。如企业委托银行收到的货款，银行已登记入账，企业尚未收到银行通知，而未入账的款项。

4）银行已付款入账，企业尚未付款入账。如银行代企业支付的电话费，银行已登记入账，企业尚未收到凭证而未记账。

上述任何一种未达账项的发生，都会造成企业银行存款账面余额与银行转来的对账单不一致。在核对双方账目时，对于双方账目上都有的记录，应做好标记，核对后存在的未达账项通过编制银行存款余额调节表调整双方余额。银行存款余额调节表的编制方法是：在企业银行存款日记账余额和银行对账单余额的基础上，分别加、减未达账项进行调节。即双方在原有账面余额的基础上，各自补记对方已入账，而本单位尚未入账的款项（包括增加款项和减少款项），然后检查经过调节后的账面余额是否相等。其调节公式如下：

企业银行存款日记账余额 + 银行已收企业未收款项 − 银行已付企业未付款项 = 银行对账单余额 + 企业已收银行未收款项 − 企业已付银行未付款项

调节后，如没有记账错误，双方余额应是相等的，该余额就是企业银行存款的实有数。如果不等，表明记账有差错，应立即查明原因予以更正。

【例44】某企业2010年1月31日的银行存款日记账的账面余额为192 000元，收到银行转来的对账单的余额为186 500元，经逐笔核对，发现以下未达账项：

（1）企业将收到销售货款的转账支票4 200元送存银行，企业已记银行存款的增加，但银行尚未记账。

（2）企业已开出转账支票2 800元，企业已记银行存款减少，但持票人尚未到银行办理转账，银行尚未入账。

（3）银行代企业收到购货款5 700元，银行已收妥入账，企业尚未收到收款通知，所以尚未记账。

（4）银行代企业支付电费9 800元，银行已记账，企业尚未收到银行的付款通知，所以尚未记账。

根据上述资料，编制银行存款余额调节表。其格式如表3−6−2所示。

需要指出的是，未达账项不是错账、漏账，编制银行存款余额调节表的目的只是为了检查账簿记录的正确性，企业在调节表上调整的未达账项不是记账，更不能作为调整银行存款账面余额的原始凭证。待以后收到有关原始凭证后，再做账务处理。但对长期悬置的未达账项，应查明原因，及时处理。

表 3-6-2　银行存款余额调节表

2010 年 1 月 31 日　　　　　　　　　　　　　　　　　　单位：元

项　　目	金　　额	项　　目	金　　额
企业银行存款日记账余额	192 000	银行对账单余额	186 500
加：银行已收，企业未收款项	5 700	加：企业已收，银行未收款项	4 200
减：银行已付，企业未付款项	9 800	减：企业已付，银行未付款项	2 800
调节后的存款余额	187 900	调节后的存款余额	187 900

2．实物资产的清查

不同品种的财产物资，由于其实物形态、体积重量、码放方式不同，采用的清查方法也不同，一般有实地盘点和技术推算盘点两种。

（1）实地盘点。实地盘点是指在财产物资堆放现场进行逐一清点数量或用计量仪器确定实存数的一种方法。这种方法适用范围广，要求严格，数字准确可靠，清查质量高，但工作量大。如果事先按财产物资的实物形态进行科学的码放，如五五排列、三三制码放等，则有助于提高清查的速度。

（2）技术推算盘点。技术推算盘点是利用技术方法，如量方计尺等对财产物资的实存数进行推算的一种方法。这种方法适用于大量成堆，难以逐一清点的财产物资。

为了明确经济责任，进行财产物资的盘点时，有关财产物资的保管人员必须在场，并参加盘点工作。对各项财产物资的盘点结果，应逐一如实地登记在盘存单上，并由参加盘点的人员和实物保管人员共同签章生效。盘存单是记录各项财产物资实存数量盘点的书面证明，也是财产清查工作的原始凭证之一。

3．清查结果的记录

为了明确责任，对实物资产进行盘点时，实物资产的保管人员必须到场。对于盘点的结果，应及时将各项财产物资的数量和质量逐一如实地记录在盘存单上，并由参加盘点的人员和实物保管人员同时签章生效。盘存单是记录盘点结果的证明，也是反映财产物资实存数量的原始凭证。盘存单内的实物编号、名称、计量单位应与账面记录相一致。对于盘点中发现的问题，应及时在盘存单中的备注栏加以说明。盘存单（表 3-6-3）一式三份，一份由清点人员留存备查，一份交实物保管人员保存，一份交财会部门以便对账。

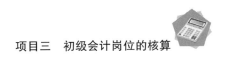

项目三 初级会计岗位的核算

表3-6-3 盘存单

单位名称：　　　　　　　盘点时间：　　　　　　　编号：
财产类别：　　　　　　　存放地点：　　　　　　　金额单位：元

编号	名称	计量单位	数量	单价	金额	备注

盘点人（签章）：　　　　　　　　　　　　　保管人（签章）：

盘点结束后，发现某些实物资产账实不符时，应根据有关账簿记录资料和盘存单填制实物清查结果报告单（如表3-6-4所示，也称为"账存实存报告表"）。实物清查结果报告单是调整账簿记录的原始依据，也是分析账存数和实存数发生差异的原因、明确经济责任的原始证明材料。

表3-6-4 账存实存报告表

单位名称：　　　　　　　年　月　日　　　　　　　编号：
　　　　　　　　　　　　　　　　　　　　　　　　金额单位：元

编号	名称	计量单位	单价	实存		账存		盘盈		盘亏		备注
				数量	金额	数量	金额	数量	金额	数量	金额	

单位负责人（签章）：　　　　　　　　　　　填表人（签章）：

（五）往来款项的清查

对于各种往来款项（包括应收款、应付款、预收款、预付款等）的清查，应同对方核对账目，保证本单位应收应付款项账目正确完整。企业应编制往来结算款项函证单，分送各有关往来单位进行核对。函证单一式两联，其中一联作为回单。对方单位对函证单如实核对，如核对相符，应在回单上盖章后退回；如果发现不相符应在函证单上注明，或另抄对账单退回本单位作为进一步核对的根据。往来结算款项函证单的一般格式如表3-6-5所示。

表 3-6-5 往来结算款项函证单

××单位：

本公司与贵单位的业务往来款项有下列项目，为了清对账目，特函请查证，是否相同，请在回单联中注明后盖章寄回。

单位：		地址：		编号：	
账户	截止日期	经济事项概要	账面余额	备注	

收到对方寄回的回单后，清查人员应根据清查中发现的问题和情况，及时编制往来结算款项清查结果报告表。对于本单位同对方单位或个人有争议的款项、收回希望较小和无法支付的款项，应当在报告中尽可能详细地说明，以便有关部门及时采取措施，减少不必要的损失。往来结算款项清查结果报告表一般格式如表 3-6-6 所示。

表 3-6-6 往来结算款项清查结果报告表

单位名称： 年 月 日

总分类账户		明细账户		发生日期	对方结存额	对方结果及差异额	核对不符原因分析			备注
名称	金额	名称	金额				未达账项	有争议账项	其他	

清查人员：

（六）财产清查结果的处理

1. 财产清查结果处理的原则和步骤

财产清查的过程，就是账存数与实存数相互核对的过程。财产清查的结果有下列情形：①账存数与实存数一致，表明账实相符，不必进行账务处理；②账存数与实存数不一致，当实存数大于账存数时，即为盘盈，当实存数小于账存数时，即为盘亏；③实存数量与账存数一致，但实存的财产不能按正常财产物资使用的，即毁损。不论是盘盈还是盘亏、毁损，都要进行相应的会计处理。

对财产清查的结果，应当按照国家的有关财务制度的规定严肃认真处理。对财产清查中发生的盘盈、盘亏和毁损等问题，处理的程序和步骤如下：

（1）核准数字，查明原因。根据清查情况，编制全部清查结果的实存账存对比表（亦称"财产盈亏报告单"），对各项差异产生的原因进行分析，明确经济责任，据实提出处理意见，呈报有关领导和部门批准。对于债权债务在核对过程中出现的争议问题，应及时组织清理；对于超储积压物资，应及时提出处理方案。

（2）调整账簿，做到账实相符。在核准数字，查明原因的基础上，根据财产盈亏报告单编制记账凭证，并据以登记账簿，使各项财产物资做到账实相符。在做好以上调整账簿工作后，即可将所编制的财产盈亏报告单和所撰写的文字说明一并报送有关部门和领导批准。

（3）经批准，进行账务处理。当有关部门和领导对所呈报的财产清查结果提出处理意见后，应严格按批复意见进行账务处理，编制记账凭证，登记有关账簿，并追回由于责任者个人原因造成的损失。

2. 财产清查结果的账务处理

（1）库存现金清查结果的账务处理：

【例45】某企业在现金清查中，发现库存现金较账面余额短缺350元。

【解析】属于现金短缺，未查明原因前，应按实际短缺金额，借记"待处理财产损溢"账户，贷记"库存现金"账户。故会计分录如下：

借：待处理财产损溢　　　　　　　　　　　　　　　350
　　贷：库存现金　　　　　　　　　　　　　　　　　350

【知识链接35】

"待处理财产损溢"

为了反映和监督各单位在财产清查过程中查明的各种财产的盘盈、盘亏和毁损情况，企业应当设置"待处理财产损溢"科目。各项待处理财产物资的盘盈净值，在批准前记入该科目的贷方，批准后结转已批准处理财产物资的盘盈数登记在该科目的借方，该科目的贷方余额表示尚待批准处理的财产物资的盘盈数；各项待处理财产物资的盘亏及毁损净值，在批准前记入该科目的借方，批准后结转已批准处理财产物资的盘亏及毁损数并登记在该科目的贷方，该科目的借方余额表示尚待批准处理的财产物资的盘亏及毁损。为分别反映和监督企业固定资产和流动资产的盈亏情况，应开设"待处理财产损溢——待处理固定资产损溢"和"待处理财产损溢——待处理流动资产损溢"两个二级明细分类科目进行核算。

【例46】承上例,经查上述现金短缺,其中100元是属于出纳员刘明的责任,应由其负责赔偿,另外250元无法查明原因,经批准后转为管理费用处理。

【解析】待查明原因后,应根据不同情况,分别进行处理,属于记账错误的应按相关规定及时进行更正。如为现金短缺,属于应由责任人赔偿或保险公司赔偿的部分,转入"其他应收款——应收现金短缺(××个人或单位)"账户;属于无法查明原因的部分,根据管理权限,经批准后转入"管理费用——现金短缺"账户。故会计分录如下:

借:其他应收款——应收现金短缺——刘明　　　　100
　　管理费用——现金短缺　　　　　　　　　　　250
　　贷:待处理财产损溢　　　　　　　　　　　　　350

【例47】某企业在现金清查中,发现库存现金较账面余额长款80元。

【解析】现金溢余,未查明原因前,按实际溢余的金额借记"库存现金"账户,贷记"待处理财产损溢"账户。故会计分录如下:

借:库存现金　　　　　　　　　　　　　　　　　80
　　贷:待处理财产损溢　　　　　　　　　　　　　80

【例48】承上例,经查上述现金长款原因不明,经批准转为营业外收入处理。

【解析】如为现金溢余,属于应支付给有关人员或单位的,转入"其他应付款——应付现金溢余(××个人或单位)"账户,属于无法查明原因的现金溢余,经批准后,转入"营业外收入——现金溢余"账户。故会计分录如下:

借:待处理财产损溢　　　　　　　　　　　　　　80
　　贷:营业外收入——现金溢余　　　　　　　　　80

(2)存货清查结果的账务处理:

【例49】某企业在财产清查中盘盈材料一批,价值4 000元,经查明是由于收发计量错误所致。

【解析】企业发生存货盘盈时,在报经批准前,应借记"原材料""生产成本""库存商品"等存货账户,贷记"待处理财产损溢"账户。在报经批准后,借记"待处理财产损溢"账户,贷记"管理费用"账户。故会计分录如下:

批准处理前:

借:原材料　　　　　　　　　　　　　　　　　4 000

贷：待处理财产损溢　　　　　　　　　　　　　　　　　　4 000
　批准处理后：
　　借：待处理财产损溢　　　　　　　　　　　　　　　　　　4 000
　　贷：管理费用　　　　　　　　　　　　　　　　　　　　　4 000

【例50】 某企业在财产清查中，盘亏甲材料1 700元，经查明，是属于定额内损耗。

【解析】 企业发生存货盘亏及毁损时，在报经批准前应借记"待处理财产损溢"账户，贷记有关存货账户。在报经批准后再根据不同的原因，分不同情况进行账务处理：对于自然损耗产生的定额内损耗，计入管理费用；对于计量收发错误和管理不善等原因造成的存货短缺，应先扣除残料价值、可以收回的保险公司赔款和过失人的赔偿后，将净损失计入管理费用；对于自然灾害或意外事故造成的存货毁损，在扣除残料价值和保险公司赔偿后，计入营业外支出。故会计分录如下：

　批准处理前：
　　借：待处理财产损溢　　　　　　　　　　　　　　　　　　1 700
　　贷：原材料——甲材料　　　　　　　　　　　　　　　　　1 700
　批准处理后：
　　借：管理费用　　　　　　　　　　　　　　　　　　　　　1 700
　　贷：待处理财产损溢　　　　　　　　　　　　　　　　　　1 700

【例51】 某企业因自然灾害等非常损失造成库存商品毁损，价值80 000元，保险公司同意赔偿72 000元，残料已办理入库手续，价值400元。

【解析】 应编制会计分录如下：

　批准处理前：
　　借：待处理财产损溢　　　　　　　　　　　　　　　　　　80 000
　　贷：库存商品　　　　　　　　　　　　　　　　　　　　　80 000
　批准处理后：
　　借：其他应收款——××保险公司　　　　　　　　　　　　72 000
　　　　原材料　　　　　　　　　　　　　　　　　　　　　　400
　　　　营业外支出——非常损失　　　　　　　　　　　　　　7 600
　　贷：待处理财产损溢　　　　　　　　　　　　　　　　　　80 000

【例52】 某企业经清查财产后发现盘亏甲材料价值1 000元，盘亏的原因已查明：管理员王明过失造成的材料毁损价值为700元，残料作价80元已入库。

【解析】 应编制会计分录如下：

批准处理前：

借：待处理财产损溢	1 000
贷：原材料——甲材料	1 000

批准处理后：

借：其他应收款——王明	700
原材料	80
管理费用	220
贷：待处理财产损溢	1 000

(3) 固定资产清查结果的账务处理：

【例53】某企业在进行财产清查时，发现盘盈机床一台，其账面原价为100 000元。

【解析】我国《企业会计准则》规定，企业如有盘盈固定资产的，应作为前期差错计入"以前年度损益调整"账户。

【例54】某企业在进行财产清查时，发现盘亏机床一台，其账面原价为250 000元，累计折旧为120 000元（假定该企业未计提减值准备）。上述盘亏的机床应由保险公司赔偿100 000元。

【解析】对于盘亏的固定资产，应按盘亏固定资产的账面价值，借记"待处理财产损溢"账户；按已提折旧，借记"累计折旧"账户（已提固定资产减值准备的；还应按已提的减值准备，借记"固定资产减值准备"账户）；按固定资产的原价，贷记"固定资产"账户。盘亏或毁损的固定资产，应根据造成盘亏、毁损的原因和情况，分别加以处理。盘亏的固定资产报经批准处理后；按过失人和保险公司赔偿的金额，借记"其他应收款"账户，按盘亏固定资产价值扣除过失人及保险公司赔偿金额后的差额，借记"营业外支出"账户；同时，按账面价值，贷记"待处理财产损溢"账户。

盘亏固定资产时，应编制会计分录如下：

借：待处理财产损溢	130 000
累计折旧	120 000
贷：固定资产	250 000

盘亏固定资产批准转销时，编制会计分录如下：

借：其他应收款——××保险公司	100 000
营业外支出——固定资产盘亏	30 000
贷：待处理财产损溢	130 000

(4) 往来结算款项清查结果的账务处理：

【例55】企业在财产清查中发现一笔长期无法支付的应付货款8000元，

据查该债权单位已撤销。企业报经批准后,予以转销。

【解析】企业应当定期或者至少每年年度终了,对应收应付款项进行全面检查,对于长期无法收回和长期无法支付的款项要及时进行处理。在财产清查中查明确实无法收回的应收款项和无法支付的应付款项,不通过"待处理财产损溢"账户核算,而是在原来账面记录的基础上,按规定程序报经批准后,直接转账冲销。对于无法支付的应付账款,应根据《企业会计准则》的规定,计入"营业外收入"账户;对于可能收不回来的应收账款应提取坏账准备,对于确实收不回来的应收账款应冲销"坏账准备"账户。

故应编制会计分录如下:

借:应付账款 8 000
　　贷:营业外收入 8 000

【例56】企业采用备抵法核销坏账。在财产清查中,确认有3700元的应收账款确实无法收回,经批准确认为坏账。

【解析】应编制会计分录如下:

借:坏账准备 3 700
　　贷:应收账款 3 700

三、评价反馈

练习银行存款余额调节表的编制。

【资料】创业公司2010年12月月底对其财产进行全面清查,结果如下:

(1)库存现金盘点短缺100元。

(2)原材料甲盘点溢余20千克,每千克46元,经查明,原材料甲溢余属自然升溢引起。

(3)原材料乙盘点短缺40千克,每千克120元。经查明,属于定额内损耗5千克;属于过失人造成的应由责任人赔偿的10千克;属于自然灾害造成的损失25千克,已由保险公司赔偿1 800元。

(4)账上列示B机器发现盘亏,B机器账面原始价值40 000元,已提折旧16 000元。

(5)上述溢缺分别原因,已批准处理。其中短缺的库存现金责成出纳员赔偿。

【要求】根据上述资料,进行报批前和报批后的会计处理。

答案:

(1) 报批前:

借: 待处理财产损溢　　　　　　　　　　　　　　　100
　　贷: 库存现金　　　　　　　　　　　　　　　　　100

报批后:

短缺现金由出纳员赔偿,记为:

借: 其他应收款　　　　　　　　　　　　　　　　　100
　　贷: 待处理财产损溢　　　　　　　　　　　　　　100

(2) 报批前:

借: 原材料——甲材料　　　　　　　　　　　　　　920
　　贷: 待处理财产损溢　　　　　　　　　　　　　　920

报批后:

自然升溢引起的甲材料溢余,记为:

借: 待处理财产损溢　　　　　　　　　　　　　　　920
　　贷: 管理费用　　　　　　　　　　　　　　　　　920

(3) 报批前:

借: 待处理财产损溢　　　　　　　　　　　　　　4 800
　　贷: 原材料——乙材料　　　　　　　　　　　　4 800

报批后:

按不同原因,记为:

借: 管理费用　　　　　　　　　　　　　　　　　　600
　　其他应收款——责任人　　　　　　　　　　　1 200
　　　　　　　——保险公司　　　　　　　　　　1 800
　　营业外支出——非常损失　　　　　　　　　　1 200
　　贷: 待处理财产损溢　　　　　　　　　　　　4 800

(4) 报批前:

借: 待处理财产损溢　　　　　　　　　　　　　24 000
　　累计折旧　　　　　　　　　　　　　　　　16 000
　　贷: 固定资产　　　　　　　　　　　　　　40 000

报批后:

借: 营业外支出　　　　　　　　　　　　　　　24 000
　　贷: 待处理财产损溢　　　　　　　　　　　24 000